Pascagoula
O encontro mais próximo:
Minha história

Calvin Parker

Publicado pela Flying Disk Press em 2023

Flying Disk Press

4 Saint Michaels Avenue

Pontefract

West Yorkshire

England

WF8 4QX

Dedicatória

Quero dedicar este livro a meu velho amigo Charles E. Hickson. Na noite de 11 de outubro de 1973, Charlie e eu fomos pegos numa tempestade que culminou num furacão. Os eventos ocorridos naquela noite mudariam nossa vida para sempre. Desde o primeiro segundo de nosso contato imediato, Charlie sempre pensou em mim. Tentava me proteger desde aquele instante. Charles Hickson, veterano da Guerra da Coreia, foi um herói em todos os sentidos e, um dia, me encontrarei com ele e pescaremos juntos no céu.

Charles E. Hickson nasceu em 16 de abril de 1931 em Jones County, Mississipi, EUA, e faleceu em 09 de setembro de 2011 em Gautier, no mesmo estado americano.

Charles Hickson

***

Reconhecimentos

Gostaria de agradecer a todos que me ajudaram a montar este livro. peço desculpas agora, se eu perdi alguém. Gostaria de agradecer a Clas Svahn e Leif Astrand de os Arquivos para Pesquisa de OVNIs (AFU) na Suécia para um lote inteiro de jornais estacas. Obrigado também a Mark Rodeghier do J. Allen Hynek Center for UFO Studies para obter uma cópia de nossa entrevista transcrita na Base Aérea Keesler. Um grande obrigado ao Pedro Robbins por nos informar onde estava a fita da minha regressão com Budd Hopkins e um agradecimento ainda maior ao Dr. David Jacobs por nos fornecer uma cópia dele. Meu o editor Philip Mantle merece uma menção especial, pois sem ele e sua paciência, nunca teria terminado este livro. Obrigado também a Mark Randall pelo fantástico arte da capa. Obrigado também a Jan Harzan, Diretor Executivo da Mutual UFO Network por me fornecer o arquivo MUFON do caso Pascagoula. Obrigado também a Barry Greenwood e Paul Dean por fornecerem ainda mais documentos oficiais e recortes de jornais. Não devo esquecer Robert Snow e George Bishop pela sua leitura de prova maravilhosa. E por último, mas não menos importante, um grande obrigado à minha esposa Waynett e minha família e amigos por não desistirem de mim e por me encorajarem a passer com isso. Se não fosse por eles eu nunca teria conseguido fazer isso sozinho.

***

Prefácio convidado

Em minha juventude, sempre me interessei por todas as coisas "paranormais". Em meados dos anos 70, minha curiosidade pelos UFOs era pequena. Em 1978, porém, estreou aqui no Reino Unido o megassucesso *Contatos Imediatos de Terceiro Grau*, elevando meu interesse às alturas. Em 1980, afiliei-me a um grupo ufológico no Reino Unido, chamado *Yorkshire UFO Society [Sociedade Ufológica de Yorkshire, YUFOS]*, e nunca mais voltei atrás. Há quarenta anos, portanto, sou pesquisador ativo dos UFOs.

Nesse período, provavelmente investiguei quase todo tipo de caso ufológico que o leitor possa imaginar. Também li centenas de livros e revistas, e assisti a um número incontável de documentários sobre o assunto – até participei de alguns. Perguntam-me com frequência se tenho um caso ufológico "favorito" ou que considero "o melhor". Costumo citar algum que investiguei pessoalmente, mas há um caso do qual não participei e que, por numerosas razões, se destaca dos outros: o incidente em Pascagoula, Mississipi, ocorrido em 11 de outubro de 1973, que envolveu Charles Hickson e Calvin Parker.

Li a respeito desse contato imediato – ou talvez deva dizer abdução alienígena – numa revista, antes da publicação em formato de livro nos anos 80. Fiquei intrigado na época e permaneço assim até hoje. Por que o caso me intriga tanto? Bem, para começar, envolveu duas pessoas. A maioria dos casos de contatos imediatos desse tipo só conta com uma testemunha. Ainda hoje é raro que tais incidentes tenham testemunhas ou participantes múltiplos. Além disso, considero os seres descritos por Hickson e Parker algo totalmente esdrúxulo. Outro detalhe: eles relataram o contato imediato quase em seguida, primeiro na base da Força Aérea em Keesler, e depois no escritório do xerife local. Os dois homens foram entrevistados no escritório do xerife cerca de duas horas após o evento e suas palavras foram gravadas numa "fita secreta". No dia seguinte, houve outra entrevista na base em Keesler. Como se não bastasse, o maior pesquisador de UFOs do mundo naquela época, o doutor J. Allen Hynek, foi a Pascagoula 36 horas depois da ocorrência ufológica e confirmou, em uma coletiva de imprensa, que as duas testemunhas, Charles Hickson e Calvin Parker, diziam a verdade. Simplesmente não havia outro caso parecido. Era único.

Se nos distanciarmos um pouco da narrativa desses dois homens e observarmos como a experiência os afetou, isso também é impressionante. O mais velho era Charles Hickson, 40 anos na época. A outra testemunha, Calvin Parker, tinha apenas 19 anos. Hickson era veterano da Guerra da Coreia, combatendo no Exército dos Estados Unidos. Parker era um rapaz simples do interior que começava a planejar sua vida e pretendia se casar.

Os dois ficaram com muito medo, mas Charles Hickson parecia lidar melhor com a situação que seu jovem amigo Calvin Parker. Acho apropriado afirmar que a experiência teve um efeito profundo em ambas as testemunhas.

Hickson foi bastante franco a respeito do que lhe ocorrera e compareceu a programas de televisão, congressos de Ufologia e entrevistas em rádio e tevê, enquanto Calvin Parker preferia ficar de fora o quanto pudesse, observando tudo a partir dos bastidores. Hoje, tudo mudou.

Infelizmente, Charles Hickson já faleceu. Entretanto, contou sua história em diversas ocasiões, inclusive na publicação de um livro. Calvin Parker, a testemunha mais jovem, raramente se manifestou sobre o caso. A situação mudou e o que veremos neste livro é exatamente isto: a versão de Parker acerca da história. Trata-se de um relato em primeira mão de uma experiência de contato imediato. Calvin Parker não só detalha o que viu naquela noite de outubro de 1973, mas ainda explica como o evento afetou a ele as pessoas mais próximas, com o passar dos anos. E por fim, ele nos conta por que, depois de tantos anos, resolveu dar seu testemunho.

Pessoalmente, sinto que o relato de Calvin Parker confirma o que considerei como um caso peculiar, que não me sai da cabeça até hoje. Se precisasse de uma confirmação do caráter insólito do incidente – o que não preciso – essa confirmação seria o fato de ele já ter entrado para a cultura popular. Pouquíssimos casos ufológicos têm semelhante repercussão e ainda hoje são vendidos pequenos modelos reproduzindo o evento.

Este livro é um ato de bravura de Calvin Parker, principalmente quando descobrimos o quanto aquele contato imediato o afetou. Como pesquisador inveterado de Ufologia, foi com grande prazer e honra que auxiliei Parker com este livro e que agora escrevo seu prefácio. Peço ao leitor que mantenha a mente aberta e leia o relato daquele que pode ser o maior caso de contato imediato de todos os tempos.

Philip Mantle

***

Quem é Calvin Parker?

Vi o mundo pela primeira vez em 02 de novembro de 1954, às 11h00. Minha mãe entrou em trabalho de parto enquanto visitava meus avós em Hobbes, Novo México, e tinha só 16 anos de idade. Eles a levaram de carro a Seminole, Texas, onde nasci. Deve ter sido um parto difícil. Vi fotos minhas de quando bebê: meu rosto era inchado e meus olhos, pretos. Era muito feio. Posteriormente, minha mãe me contou que tiveram de usar fórceps. Um fato interessante é que naquela época, custava apenas US$100,00 por nascimento. Minha mãe se chama Betty Lou Parker e o pai dela era Ed Lou Garrad, e a mãe, Ruby Lee Garrard (antes, Ritchie). Minha mãe era a filha caçula, única menina, e tinha três irmãos. Eles viviam na região do Texas conhecida como Panhandle e eu nunca conheci meus avós maternos. Moramos sempre muito longe deles.

Sendo eu o primeiro filho, deram-me no nome de meu pai, ou seja, Calvin Ray Parker Júnior. Quando nasci, pesava 4,5 kg. Pensava que fosse um tamanho normal, mas meu apelido era "grandalhão", que continua até hoje. Só descobri por quê mais tarde, quando soube que meu pai pesava apenas um quilo, e nasceu enquanto minha avó apanhava algodão. Depois do parto, ela voltou ao trabalho no mesmo dia, coisa comum naqueles tempos. Eles eram agricultores arrendatários, ou seja, aravam a terra de outras pessoas e ficavam com parte da colheita. Minha avó paterna se chamava Mary Ann Parker e meu avô paterno, Thomas Copel Parker. Eram-me muitos próximos e provavelmente passei tanto tempo com eles quanto na minha própria casa.

O ganha-pão de meu avô era domar cavalos. Assim, quando eu era jovem íamos a muitas competições e cheguei a ganhar o troféu de vencedor em várias ocasiões. Eles não tinham muito dinheiro, mas lembro-me que me levaram à loja Sears em Laurel, Mississipi, onde morávamos naquela época, e me compraram uma sela, pagando à vista. Quase todos os domingos, a família Parker se reunia na casa deles após a igreja para o almoço. Já se tornara uma tradição familiar.

Meu irmão nasceu em 1956 e me lembro bem do dia. Meus pais lhe deram o nome de Ricky Joe Parker. Eu era muito pequeno; por isso, meu tio ficou cuidando de mim. Ele estava com fome e, por isso, atravessamos a estrada e meu tio me comprou meu primeiro hambúrguer. Que dia que foi aquele! Meu irmão nasceu e comi meu primeiro hambúrguer. De volta ao meu irmão. Para mim, era a melhor coisa do mundo e eu tinha muito orgulho dele. Éramos muito próximos e nos divertíamos muito juntos. Ele faleceu em 2017, o que foi para mim uma grande perda. Sinto muito falta de meu irmão. Íamos caçar coelhos e pescar. Ele era sempre o certinho, exatamente meu oposto. Lembro-me de convencê-lo a faltar à aula, embora ele não gostasse da ideia, mas íamos nadar perto da velha pedreira. Como ele não apreciava as tarefas domésticas, eu as fazia em seu lugar. Era um menino muito quieto e algumas crianças faziam *bullying* com ele, por causa disso. Eu sempre o defendia e brigava para protegê-lo; o resultado era que sempre me encrencava na escola. Meu irmão era o cérebro, eu era o forçudo. Para ser sincero, sempre achei a escola uma perda de tempo. Fui à escola primária em Sandersville, Mississipi, no ano em que o presidente John F. Kennedy foi assassinado. É só disso que me lembro da época em que frequentei aquela escola. Já do ensino médio, me lembro, no colégio em West Jones, Laurel, Mississipi. Recordo-me que naquele ano a escola abriu as portas para alunos negros. Pessoalmente, eu nunca tivera colegas negros. As escolas ainda eram segregadas. Tentaram a integração, mas Laurel era uma cidade dominada pela Klan (Klu Klux Klan). Quando o colégio experimentou a integração, houve problemas no começo; mas, no fim das contas, deu certo. Assim como eu, a maioria das pessoas não se importava e não era racista. Apenas não queriam receber ordens do governo, ditando seu comportamento. Na 11ª série, sofri punição física na escola pela última vez e resolvi abandonar os estudos e ir trabalhar nos campos de petróleo. Não aguentava mais. Devo admitir que minha educação escolar não foi muito extensa, mas tenho muito pouco do que me queixar.

Quando criança, trabalhava na horta e meu irmão e eu andávamos muito de bicicleta por toda a vizinhança. Nunca tivemos problema nenhum, exceto pelo fato de eu perder muitas aulas. A escola não era para mim.

Muito mais tarde, tive duas irmãs. Mas devido à diferença de idade, não crescemos exatamente juntos. Fora diferente com meu irmão, embora eu ame as duas muito. Minha primeira irmã se chama Michelle; ambos adoramos ficar ao ar livre e pescar, e ainda fazemos isso juntos, curtindo a companhia um do outro. Minha outra irmã é Caleene e se temos algo em comum é nosso amor pela família.

Um dia chegou o casamento. Eu dirigia o ônibus escolar de minha mulher. O nome dela é Dorothy Waynett Parker, mas todos a chamam de Waynett. Comecei a dirigir ônibus aos 16 anos. Foi nessa ocasião que a conheci e namoramos até eu completar 18. Casamo-nos em 09 de novembro de 1973. Na época, já me mudara de Pascagoula de volta para Laurel, Mississipi. Em 1976 nasceu nossa filha. O nome dela é Stacie Michel Parker. Sempre me lembrarei de como era pequenina e de que

7

trabalhávamos fora da cidade, e a menina sempre querendo gelo. Adorava abrir o congelador e pegar gelo. Não nos importávamos; afinal, era nossa queridinha – tudo que desejasse estava certo. Nossa filha era e ainda é muito inteligente. Quando cresceu, começou a trabalhar com higiene bucal. Empenhou-se muito no emprego e, claro, se casou com um dentista. O nome dele é Thomas Bailey; é o melhor genro que um homem pode desejar. Todos nós o amamos muito e somos felizes por ele fazer parte de nossa família. Minha mulher e eu fomos casados por sete anos, quando, então, nos divorciamos. A pressão provocada pelo contato imediato em 1973 foi demais para ambos. Eu não queria falar do assunto – preferia guardar tudo em meu íntimo. Não tínhamos privacidade em nossa vida conjugal, tudo o que eu fazia virava assunto na imprensa. Minha vida particular não existia mais e até quando ia para o trabalho, a imprensa me seguia.

As pessoas tinham curiosidade e queriam fazer muitas perguntas, o que para mim, a princípio, não incomodava. O cidadão comum na rua me interpelava com bons modos, e não havia problema com isso; mas alguns queriam me entrevistar e acabavam inventando uma história maluca, deixando tudo pior do que já era. Fiquei – e ainda me sinto – farto desse tipo de gente. E esse é um dos motivos por que escrevo agora este livro. São pouquíssimas as pessoas em que realmente confio, o que explico melhor mais adiante no livro. Fui casado com Waynett durante sete anos e, depois, nos divorciamos. Ela e minha filha se mudaram para a Flórida e Waynett se casou novamente. Seu novo marido tentou fazer uma lavagem cerebral em minha filha e isso é tudo que tenho a dizer sobre ele. Ficamos separados até 1996. Naquele ano, minha ex-mulher e milha filha voltaram. Casamo-nos novamente e estamos juntos até hoje, ainda empenhados na mesma batalha que nos separou. Foi Waynett que me pediu que escrevesse um livro e revelasse ao público a história verdadeira. Nossa esperança é que graças a este trabalho as pessoas não possam mais deturpar os fatos e atribuir a mim palavras que nunca disse a respeito do evento.

No período em que estivemos separados, casei-me de novo e tive mais dois filhos. Meu coração se partiu quando meu filho faleceu. Não direi o nome dele porque jurei que nunca mais passaria por meus lábios. Sei que algum repórter meterá o nariz onde não é chamado, mas se isso acontecer, saberei lidar com a situação.

Naquela época, senti que deveria voltar ao litoral. Amava o litoral. Então, em 1996, mudei-me de volta para lá e pouco depois minha primeira mulher e minha filha também voltaram inesperadamente. Casamo-nos de novo e assim permanecemos até hoje. Arrumei emprego em uma construtora e o proprietário e eu nos tornamos amigos. Ainda somos, até hoje. Queria morar às margens do Rio Pascagoula; por isso, mudei para cerca de três quilômetros de onde Charles Hickson e eu tivemos o contato imediato em 1973. Há algo nesse rio que eu amo.

Finalmente, sentia que começava a reorganizar minha vida. De repente, porém, em 2010 tive um derrame, perdendo minha habilidade de locomoção. Até para trocar de roupa pela manhã, tinha dificuldade. Isso me impedia de trabalhar. Comecei, então, a tentar a reabilitação, com o intuito de retornar ao trabalho e reassumir uma vida normal. Em 2012, tive um infarto. Precisei de uma cirurgia no coração. Enquanto me recuperava da operação, certo dia o peito abriu durante o banho. Resultado: de volta ao hospital. Nessa ocasião, a equipe médica ouviu um ruído vindo de meu coração. Resolveram me reabrir e examinar. Acho que foi essa reabertura que me salvou a vida. A recuperação foi árdua, com uma enfermeira indo à minha casa duas vezes por semana para trocar as bandagens, o que durou alguns meses. Foi muito estressante para minha família e eu não podia trabalhar. Portanto, não tinha dinheiro, e parecia que meu mundo acabara. De certa forma, era verdade.

Minha família e meus amigos foram meu lastro, nessa ocasião. Embora a família pareça ter a obrigação de ficar sempre do nosso lado, com os amigos é diferente. Meus amigos, contudo, jamais me abandonaram e quero agradecer-lhes por todo o apoio que me deram. Minha mulher e minha filha estiveram comigo durante parte do caminho. A melhor sensação do mundo, para mim, foi minha recuperação. Sentia sempre alguém me segurando pelas mãos e dizendo "papai", embora eu não pudesse responder por causa dos tubos respiratórios. Pareciam anjos a me proteger. Durante a primeira cirurgia, que levou 18 horas, meus familiares e meus amigos deram força à minha mulher e à minha filha. O médico não tinha certeza se eu sobreviveria, mas recebi os melhores cuidados possíveis no hospital Singing River. Fiquei na UTI por 21 dias. Meu amigo Steve Jordan ia me ver todos os dias, embora tivesse de administrar sua empresa – não faltou um único dia. Não sei como minha mulher deu conta, pois ficava comigo o tempo todo. Tentei convencê-la a ir para casa descansar. Enquanto pensava que ela tinha realmente ido, na verdade ficava na sala de espera, só para me fazer pensar que estava descansando. Depois dos 21 dias, me deixaram voltar para casa. No mesmo dia, me juntaram os pedaços. Enquanto tomava banho, o local da cirurgia no peito se rompeu e lá fui eu de volta para o hospital. Foi quando a equipe ouviu um ruído vindo do coração. Quebraram novamente minhas costelas e trabalharam no coração por dez horas. Como não podiam costurar imediatamente, fiquei suspenso com o ferimento aberto e cuidado por seis semanas. As bandagens tinham que ser trocadas pelo menos duas vezes por semana e o médico me examinava uma vez por semana. Tomei antibióticos tão fortes que não conseguia comer nem segurar coisa alguma no estômago; perdi 25 quilos nessa fase de recuperação. Mas sobrevivi e agradeço por estar aqui hoje e poder contar a história. Agradeço a toda equipe médica e à minha família, por tudo o que fizeram por mim durante um dos períodos mais sombrios de minha vida.

Bem, o tempo passa e ainda moro no litoral. Provavelmente sempre morarei. Hoje, 2018, minha perna esquerda e meu braço esquerdo ainda não se mexem, mas sou grato por estar vivo e finalmente dar meu testemunho sobre o que aconteceu comigo e com Charles Hickson em 11 de outubro de 1973. Meu único desejo seria ter um neto para mimar, mas creio que isso nunca ocorrerá. Temos, isto sim, um cachorro em vez de um menino, e o mimamos muito. Não posso fazer muita coisa sozinho, mas minha mulher e eu possuímos um barco e gostamos de pescar. Assim, com o auxílio dela e dos amigos, ainda consigo sair e me mexer. Eles me levam para pescar com certa frequência. Se eu tivesse um desejo hoje, seria morar mais perto de minha filha e meu genro. Levando tudo em conta, considero-me um sujeito de sorte por ter um círculo tão maravilhoso de familiares e amigos por perto e finalmente aproveitar esta oportunidade de esclarecer as coisas.

Calvin Parker

***

Sumário

Contato Imediato em Pascagoula:
Minha história

***

Capítulo 1

Charles Hickson

Eu ainda era criança em 1964, quando meus pais construíram uma casa em Sandersville, Mississipi. Pelo que me lembro, foi a primeira vez que vi Charles (Charlie) Hickson. Charlie e meu pai pescavam juntos. Eram fanáticos por pescaria. Lembro-me que levavam a todos nós, garotos, em viagens de pesca no Rio Pearl. Conheci os dois filhos de Charlie: Eddie e Curt, e sua filha, Sheila. Brincávamos todos juntos e até frequentávamos a escola bíblica nas férias. Ainda me encontro e converso com o mais velho, Eddie, de vez em quando. Na verdade, fomos pescar no ano passado e nos divertimos muito, mas tivemos que passar no pronto-socorro depois para retirar uma barbatana de peixe da mão dele. Há um peixe chamado "cabeça dura" cuja barbatana é muito dura e se fincar na pele dói muito. O filho mais novo de Charlie, Curt, era mais próximo da idade de meu irmão. Em determinada ocasião, passamos muito tempo com a família de Charlie quando nossos pais precisaram sair e deixar as crianças mais velhas cuidando das mais novas. Naquela época, não conhecia Charlie muito bem por causa da diferença de idade, sendo ele muito mais velho e da geração de meus pais. Lembro-me, porém, que ele era inspetor de polícia em Jones County. As pessoas o estimavam e respeitavam muito.

Certa vez, pescávamos no Rio Pearl, que estava com uma correnteza bastante rápida. Escorreguei e caí na água. Charlie não hesitou em pular e me salvar. Talvez tivesse me afogado, não fosse a prontidão dele. Minha família e a de Charlie passavam muito tempo juntas, e fazíamos refeições na casa de uma ou outra família.Conforme fui crescendo, passei a conhecê-lo melhor. Um dia, ele foi trabalhar num lugar em Laurel, Mississipi, que construía portas para casas. Não me recordo do ano, mas eu devia ter uns 15 anos. De repente, certa vez ele apareceu em casa e disse que a empresa ia fechar e ele precisaria procurar outro emprego. A procura durou duas semanas, até que Charlie achou um emprego no estaleiro em Pascagoula, Mississipi. Na época, eu trabalhava como soldador em uma casa de máquinas, Howes Implements, em Laurel. Foi lá que aprendi a ler plantas de equipamentos. Saí da Howes e arrumei emprego em outra loja, com um salário melhor, a Wansley Machine and Welding. O foco da empresa era equipamento para campos de petróleo. Aquele emprego me preparou para o trabalho do estaleiro.

Nos dois anos seguintes, passei a me encontrar mais com Charlie, principalmente porque meu pai, meu irmão e eu íamos muito ao litoral e pescávamos com ele, que por sua vez passava o fim de semana em nossa casa, às vezes. Foi por essa ocasião que o conheci como amigo e pessoa. Sentávamos e conversávamos sobre o período dele na Coreia do Norte (quando ele estava no Exército). Às vezes, Charlie me contava histórias sobre como nossas tropas passavam frio e fome lá. De repente, se calava e não tocava mais no assunto. Em determinados momentos, eu não sabia como lidar com ele: às vezes me irritava muito e, em outras ocasiões, eu o admirava mais que tudo. Mas como sabe o leitor, o mesmo acontece com as pessoas de nossas famílias.

Havia períodos em que não nos víamos muito. Eu ficava de plantão, à espera de uma chamada durante 24 horas e não podia sair de casa, e Charlie nem sempre fazia suas visitas. Creio que estava ocupado com o trabalho. Como ficara noivo e pretendia me casar, esses plantões me incomodavam e, por isso, comecei a procurar um emprego que não fosse tão puxado e que me proporcionasse uma renda decente. Meu pai recomendou que conversasse com Charlie – os dois faziam quase o mesmo tipo de trabalho que eu, porém no estaleiro. Assim, no primeiro fim de semana que tive folga fui de carro a Gautier, Mississipi, para conversar com ele. É uma cidadezinha a oeste de Pascagoula, uns cinco minutos de carro até o estaleiro onde Charlie trabalhava. Ele se mudara para um condomínio de apartamentos chamado Collage Villa, recém-construído. Morava num apartamento com três dormitórios e agora tinha mais uma filha, Tisha. Charlie, então, disse que me arrumaria um emprego em manutenção de navio no estaleiro de FB Walker. O salário seria um pouco menor que o meu atual, mas não era ruim. Passamos o resto do fim de semana passeando de carro, enquanto ele me mostrava a região. É importante ressaltar que meu carro era um Rambler Hornel 1973, amarelo, o que fará uma diferença em minha história, mais adiante. Ao longo da costa do Golfo do Mississipi provavelmente rodamos mais de 160 km, olhando tudo. Voltamos, enfim, para a casa de Charlie e Blanche, mulher de poucas palavras. Para minha surpresa, Charlie perguntou a ela se podiam alugar para mim o outro quarto até eu encontrar um local para morar. Assim, aceitei trabalhar para Charlie e pagar um aluguel de US$ 50,00 por semana, na residência dele. Pedi a ele que me desse um prazo de duas semanas para cumprir o aviso prévio em meu outro emprego. Ele concordou. Estava ficando tarde e nós, com fome. Charlie, então, sugeriu que fôssemos a um lugar não muito longe dali para comer algo e tomarmos cerveja gelada. Aceitei de pronto e disse que o jantar seria por minha conta, àquela noite.

Fomos ao local por volta das 19h00. Como eu teria de dirigir de volta para casa, pedi uma *Miller Pony*, muito popular na época. Por mais que tente, não consigo me lembrar o que comemos, mas Charlie bebeu muita cerveja e eu precisava voltar. Ele me pediu para passar a noite lá, mas meu trabalho me esperava na manhã seguinte, e o caminho de volta levaria umas duas horas. De repente, comecei a me arrepender da decisão de me mudar para o litoral. Um dos motivos era que não gostava de mudanças nem de morar na casa de outra pessoa. Durante o percurso de volta, conclui que seria realmente melhor para mim e, assim que me casasse, compraria minha própria residência. No dia seguinte, entreguei minha demissão.

Tomei todas as providências, liguei para Charlie e lhe disse que me mudaria no dia 03 de outubro (o ano era 1973), uma quarta-feira. Fui de carro logo pela manhã e me encontrei com Charlie na entrada do estaleiro. Ele me acompanhou ao escritório para preencher a papelada e assistir às aulas sobre segurança. O primeiro dia de trabalho foi de aulas! Puxa vida. Saímos às 17h00. Fui com Charlie ao apartamento, peguei minha mala, entrei no quarto e comecei a guardar minhas coisas. Nesse momento, Blanche apareceu e disse que o jantar estava pronto. Sentamo-nos à mesa, então, abençoamos a comida, demos graças e partilhamos de uma boa refeição caseira.

Na manhã seguinte, quinta-feira, 04 de outubro, Charlie e eu saímos para o trabalho por volta das 06h00. Entramos em meu carro e passamos na Wayne Lees, uma mercearia próxima que servia um ótimo café-da-manhã. Lembro-me de ter comido um sanduíche de bacon, tomate e alface, mas não me lembro do que Charlie pediu. Fomos para o trabalho e batemos o ponto. Nas docas, eles lhe dão uma espécie de cartão de ponto com um número, que você deposita ao entrar e retira ao sair, registrando seu horário e servindo de prova que trabalhou. Charlie me deu um conjunto de plantas e disse para eu começar o trabalho. Achei que o dia nunca ia terminar. Apesar de ser outubro, fazia muito calor.

Quem trabalha com metalurgia precisa usar roupas grossas para proteger a pele de queimaduras e cortes. Além de ser quente, essa roupa às vezes abriga um bichinho quase invisível, chamado de 'no see um' (gíria em inglês para "não dá para ver"). Muita gente nem sabe o que é isso, porque se trata uma criatura muito pequena; mas quando pica, é impossível não perceber. O inseto suga sangue e embora seja menor que um mosquito, sua picada é muito mais dolorida, causando inchaço e irritação.

Finalmente aquele dia acabou. Pulamos para dentro de meu caro e voltamos ao apartamento de Charlie. No caminho de volta, observamos o rio e falamos de pescar. Charlie disse que já pegara muito peixe lá. Aquele ponto ficava próximo à Rodovia 90 (o Rio Pascagoula), era uma área pantanosa e, segundo Charlie, bastante piscosa.

Combinamos de viajar no fim de semana, logo depois do dia 05 de outubro. Voltei de carro para casa, em Laurel. Fui à casa de meu pai e visitei meu irmão. Depois de um banho, resolvi passar um tempo com minha noiva, Waynett. Peguei-a de carro e fomos assistir a um filme a céu aberto em Laurel. O título do filme era *My Name Is Nobody [Meu nome é ninguém]*. Um ótimo faroeste. Waynett precisava estar em casa até as 23h00. Às 22h30, caminhei até um telefone público e liguei para o pai dela, perguntando se poderia levá-la depois do cinema. Desnecessário dizer que não existia telefone celular em 1973. Ele me disse que seria melhor trazê-la para casa até as 23h00, como ele mandara. Voltei para o carro e dirigi feito louco para não atrasar. Chegamos em cima da hora e o tempo todo fiquei pensando como era idiota o pai de Waynett. Claro que não disse isso a ele, ou jamais veria Waynett novamente.

No sábado, 06 de outubro, Waynett e eu fomos visitar minha mãe. Ficamos lá o dia todo. Por volta das 18h00, levei minha noiva para a casa dela, despedi-me e lhe disse que nos veríamos de novo no próximo fim de semana, e que precisa estar de volta ao litoral bem cedo no domingo para descansar antes do trabalho na segunda-feira.

Voltei ao litoral por volta das 23h00 do domingo, 07 de outubro. Sheila e a filha de Charlie estavam lá, então conversamos por uns 30 minutos, até eu resolver ir para a cama e descansar antes do trabalho, na segunda-feira de manhã.

Trabalhei até o dia 11, quinta-feira, e mal sabia o que iria acontecer naquele dia, depois do expediente. Foi um dia de trabalho normal, ainda muito quente para a época do ano e, claro, todos aqueles mosquitinhos nos irritando bastante. Charlie veio me procurar na hora do almoço e me perguntou se queria pescar um pouco, à noite. Disse-lhe que não queria pescar por causa dos insetos. Mas ele explicou que possuía repelente, o que afastaria os bichinhos. Pensei: "Diabo, por que não me disse isso antes?" No caminho de volta ao condomínio, disse a Charlie que não tinha equipamento de pesca e precisaria comprar. Charlie retrucou que podia usar o dele, pois tinha bastante; mas não gostei da ideia de usar equipamento de outro. No sul dos Estados Unidos, usar o material de pesca de outro homem é mais ou menos como usar a mulher dele. Enfim, embora relutante, acabei concordando. Chegamos em casa um pouco cedo, por volta das 17h00, e colocamos os equipamentos de pesca em meu carro. Charlie guardava isca no freezer (camarões mortos) e, assim, logo estávamos prontos para uma noite de pescaria no local que Charlie me mostrara rente à Rodovia 90 no Rio Pascagoula.

***

Capítulo 2

O contato imediato – Rio Pascagoula, quinta-feira, 11 de outubro de 1973

Chegou a data de nossa história: 11 de outubro de 1973. Às 17h00 Charlie e encerramos o expediente no estaleiro e voltamos para o apartamento dele, a fim de nos prepararmos para a pescaria. Por volta das 17h45 saímos de casa. Charlie disse à sua mulher que voltaríamos dali a umas duas horas e pouco.

A caminho do local no Rio Pascagoula, Charlie me explicou que iríamos a um lugar onde os navios descarregavam grãos e às vezes caíam para fora. Os peixes, então, se aglomeravam sob o elevador para comer os grãos perdidos. Tínhamos, portanto, a oportunidade de pescar muito. Retruquei que seria ótimo para mim, pois não conhecia aquele rio, embora ele o conhecesse bem. Entretanto, a primeira coisa a fazer seria uma parada no velho estaleiro *Schaupeter* e tentar pegar alguns peixes lá, por algum tempo. Normalmente, o percurso de carro entre o condomínio e o local levava 30 minutos, mas por alguma razão, o fizemos em 15. Devemos ter chegado por volta das 18h00, mas como não levávamos relógio, não podíamos ter certeza. No caminho, vimos um carro enguiçado e um idiota brigando furiosamente com sua mulher, xingando-a de todos os nomes. Quis descer e dar uma surra no sujeito, mas Charlie achou melhor não nos envolvermos. Não aceito esse tipo de assédio moral com uma mulher ou com qualquer um, mas segui o conselho de Charlie e deixei passar.

Já às margens do rio, tivemos de estacionar a quase 100 metros de onde íamos pescar. A estrada velha parecia um depósito de lixo geral, de modo que os carros não podiam parar perto da água. À nossa esquerda, havia uma ponte de pedágio que fazia parte da Rodovia 90. Tinha altura suficiente para os barcos passarem por baixo. A rodovia ficava a uns 275 m de distância. Esse estaleiro Schaupeter estava fechado há muito tempo e a grama pantanosa ao redor dele crescera muito, bem no local onde estacionaríamos. Perguntei a Charlie por que todo mundo jogava lixo lá. Ele me disse que o nível da água é alto e leva o lixo para fora da estrada e longe das residências. Depois de termos rodado e passado umas duas poças, verifiquei que aquilo era verdade. Chegamos finalmente, descarregamos os equipamentos e atravessamos um mato denso até encontrar o rio. Havia um velho píer de aço que parecia em más condições para nos sentarmos, mas quando o observamos melhor, vimos que estava bom. Não sei que horas eram, pois, como disse, não tínhamos relógio. Até então, não havíamos bebido nada, tipo refrigerante ou cerveja.

Achamos uma tora de madeira e nos sentamos. Lembro-me de Charlie dizendo que já apanhara muito peixe vermelho naquele local. É um peixe bastante popular, que se agita muito. Percebi por que seria bom pescar ali. Havia o rio leste e o rio oeste, e era fácil confundirmos os dois. Estávamos no rio leste. Lembro-me de alguém ter dito que era o oeste, mas estava enganado. Fiquei pensando em como carregar os peixes de volta até o carro em meio àquele mato todo.

Começamos a pescaria e já estava escuro. A noite, porém, era clara, creio que por causa da lua cheia. Enquanto pescava, olhei para o outro lado do rio e vi um navio enorme – imediatamente me perguntei como algo tão grande e feito de metal podia flutuar. Disse, então, a Charlie: "Diabo, não tem peixe aqui, vamos até o elevador de grãos de que você falou". Ele retrucou: "Vamos esperar alguns minutos". Finalmente pegamos uns dois cabeças duras, que ninguém come. Eu sabia a intenção de Charlie: não queria atravessar o mato de volta sem uns peixes decentes.

De repente, olhei ao redor de vi, atrás de nós, umas luzes azuis tênues e achei que a polícia observava meu carro. Nesse mesmo instante, Charlie também viu as luzes. Pensei que a polícia ia pedir que saíssemos de lá ou talvez achasse que estávamos jogando lixo. Quando reflito agora, penso que como seria bom se tivesse sido mesmo. Subitamente, nós dois vimos ao mesmo tempo uma nave ovalada, com mais ou menos 2,5 m de altura e um tanto alongada, no formato de uma bola de futebol americano. Pairava a uns 60 cm do solo e não vi nenhum apoio na parte de baixo. Parecia simplesmente flutuar. Era difícil distinguir a cor do objeto porque as luzes que emitia eram azuladas e muito fortes. De repente, a nave se iluminou, ficando realmente muito brilhante. Uma porta se abriu, projetando para fora uma luz do interior. Todas aquelas luzes eram tão fortes que nos cegavam. O melhor modo de eu descrever aquilo é comparar com uma luz de solda. Apareceu do nada. A porta devia ter deslizado porque não balançou quando as luzes surgiram. Senti o sangue gelar e olhei para Charlie. Ele ficara muito pálido, mas não dizia nada. Creio que até os mais corajosos têm medo de vez em quando; só sei que nós dois tivemos. Comecei a pensar em nossas opções para correr dali, mas não houve tempo. De súbito, como que na velocidade da luz, apareceram três criaturas cinzentas, com a pele enrugada, de baixa estatura – um metro e meio, mais ou menos –, um tanto atarracadas, sem traços faciais e simplesmente flutuando a uns 60 cm do chão. Deviam estar flutuando, porque não vi pés nos seres. Quando menos esperávamos, os três já estavam ao nosso lado. Dois seguraram Charlie e o terceiro agarrou meu braço esquerdo. Não sei como, mas de repente me senti totalmente relaxado e não me importava com o que acontecia comigo. Posteriormente, apareceu uma marca de perfuração onde meu braço foi agarrado. Ouvira um som como uma lufada de ar e foi depois disso, que senti o relaxamento. Outro detalhe que notei foi as mãos dos seres. Não eram como as nossas, com dedos, mas pareciam pinças, quase como as garras de um caranguejo. Como já mencionei, não distingui traços nos rostos, tipo olhos, boca e nariz. Mais tarde, Charlie diria que observou bem o rosto deles. Foi a última vez que vi Charlie até sermos libertados da nave. A bordo dela, não o vi.

Senti-me sem peso e flutuei até a porta da nave. Via tudo perfeitamente, mas não conseguia me mexer nem falar. Quando passamos pela porta, os seres imediatamente se viraram para a esquerda. Ao entrarmos numa sala, tentei localizar Charlie, mas não podia mover a cabeça. Com os movimentos impedidos, não consegui vê-lo. Os seres me levaram para uma sala que não parecia muito grande, mas era muito iluminada embora eu não visse nenhuma fonte de luz. Em seguida, um deles me flutuou até um ponto que devia ser o centro da sala e me colocou deitado no que parecia uma mesa. Não tenho certeza, mas penso que me encontrava em um ângulo de 45 graus. Não sentia nada sólido embaixo de meu corpo. Aquela criatura cinzenta, então, saiu da sala. Repito que não vi nenhum traço facial. De repente, comecei a ouvir um som de cliques. Olhei para cima e vi uma caixa quadrada, azul, do tamanho aproximado de um baralho de cartas, com um fundo prateado, passando à minha volta e fazendo aquele ruído de "clique, clique, clique", umas quatro vezes.

Depois dos "cliques", entrou na sala um outro ser um pouco menor, que, não sei por quê, fez-me sentir em segurança. Tinha um rosto pequeno, magro, quase a mesma altura dos outros, com olhos grandes e castanhos. Era de cor cinza claro e com uma aparência muito agradável, se comparado com os outros, feios. Achei que poderia derrubá-lo, mas ainda não conseguia me mexer. Era como se estivesse dopado. Esse ser parecia mais humano que os outros, que eram como máquinas, mecânicos. Ouvi, então, um "silvo" e as palavras: "não tenha medo", mas os lábios do ser não se moveram. Compreendi, no entanto, o que ele pensava. Não tinha ideia de como isso era possível. Creio que aquele ser lia minha mente e sabia que eu estava com medo e, por isso, tentava me garantir que nenhum mal me seria feito.

Pouco depois, saiu da parede uma coisa que começou a circundar meu corpo, da cabeça aos pés. O tempo todo, fiquei imaginando se aquilo tudo não seria uma experiência do governo, uma vez que o estaleiro era tão perto dali. Na verdade, tentava racionalizar que diabo estava acontecendo. O ser menor, então, saiu e um dos feiosos, mais alto, voltou. Segurou meu braço e de repente flutuei, virando à direita e, por fim, para fora da nave, quase no local exato onde me encontrava no rio quando me pegaram. Só que agora, estava de frente para o rio. Lembro-me que não conseguia abaixar os braços. Ouvi a voz de Charlie: "Calvin, Calvin, você está bem?" Comecei a recobrar os sentidos e já podia me mexer um pouco. Virei-me e olhei para cima, ouvindo um ruído como de um vento forte, muito alto

19

mesmo. A nave subiu em linha reta e desapareceu.

Ainda não tinha certeza de quanto tempo ficáramos na nave, mas me pareceu cerca de uma hora. Sentia-me muito fraco e mal podia parar em pé, e Charlie disse: "Vamos nos sentar um pouco". Sentamo-nos, sem falar no assunto. Acho que estávamos em choque. Lembro-me de dizer a Charlie: "Não vamos contar a ninguém o que aconteceu". Ele concordou. Sentia que era algo pessoal e ninguém mais precisava saber. Depois de descansarmos uns instantes, resolvemos voltar ao carro. Foi comentado, em versões na imprensa, que levamos alguns peixes conosco, mas não é verdade. Tínhamos apenas nosso equipamento. Quando nos aproximamos do carro, notei que as janelas do lado do passageiro estavam partidas, mas ainda no lugar e não caindo. As outras pareciam intactas. Quando Charlie abriu a porta, a janela caiu; creio que o movimento de abrir causou a queda. Mas por que as janelas estavam daquele jeito?

Não conseguia ligar o carro. Era um veículo novo e nunca tivera problema na partida. Depois de várias tentativas, consegui, mas parecia duro. Pensei comigo: perdi o carro e o emprego, pois não vou continuar no litoral depois disso. Não sei onde Charlie arrumou uma garrafa de uísque Jim Beam, mas ele tomou um gole e disse: "Vamos para casa".

No caminho, ele comentou que deveríamos falar com alguém. Respondi que não, de jeito nenhum, não podíamos contar a história para ninguém. Mas em vez de irmos logo para casa, rodamos um pouco e fomos parar no centro da cidade. Charlie pediu que parássemos o carro. Estávamos perto do prédio da Mississipi Press e ele disse: "Vou rápido até lá para ver as horas". Estacionei, sem pensar, e ele correu. Em menos de dois minutos, Charlie voltou. Perguntei que horas eram, e ele respondeu que não sabia, pois não havia relógio lá. Saímos e eu virei à esquerda.

Voltamos para Gautier, rumo ao condomínio. Vi, então, um letreiro *TIK*, de uma lanchonete que serve cerveja e comida; parei o carro, fui ao bar e pedi uma cerveja. Comecei a beber e tentar descontrair. Charlie e eu permanecemos ali uns poucos minutos. Ele achou melhor, enfim, irmos embora e disse que ligaria para uma pessoa. Pedi de novo que não contasse o que aconteceu, mas ele disse que telefonaria para a base da Força Aérea em Keesler, informando-os do ocorrido. Charlie me disse que caso eu preferisse mesmo não falar do assunto, ele diria que simplesmente desmaiei. Concordei e deixei que ele desse o telefonema.

Saímos da lanchonete, entramos no carro e paramos numa loja a caminho de casa. Ele desceu e usou o telefone. Quando voltou, me disse que a base informou que não cuidava mais de casos de UFOs, que antes havia o projeto Blue Book para tais casos, mas não existia mais. Aconselharam Charlie a contatar as autoridades locais, que no nosso caso era o xerife. Charlie disse que ligaria para o escritório do xerife, mas retruquei que seria um erro: Charlie tinha bebido e eles poderiam não acreditar em sua história. Mas ele ligou, mesmo assim. Mandaram que ficasse onde estava, pois chegariam logo. Dali a dez minutos, apareceram. Caminharam até meu carro, olharam tudo por dentro e me mandaram descer. Olharam de novo, só para ter certeza de que estava tudo em ordem. Conversaram com Charlie e pediram que os acompanhássemos até o escritório do xerife.

Perguntava a mim mesmo: "o que vai acontecer agora?" Fomos interrogados separadamente, em salas diferentes. Lembrei-me do conselho de Charlie, de explicar que desmaiara e não sabia de nada, e foi o que fiz. Depois, nos conduziram a uma outra sala e saíram. Mal sabia eu que estavam gravando nossa conversa. Sem que percebêssemos, havia um gravador ligado. Só soubemos da tal "fita secreta" muito tempo depois. Quanto a mim, só queria sair logo de lá e descansar. Estava esgotado após a experiência e um dia quente no trabalho. Os assistentes voltaram à sala onde estávamos, pegaram algo de uma gaveta e saíram. Fred Diamond, o xerife, estava ouvindo as gravações (que ainda não sabíamos existirem). Quando voltaram, nos disseram que se a história fosse uma brincadeira, seríamos presos. Respondi que a cadeia seria melhor que voltar àquele rio, pouco me importando com o que pensavam; só queria mesmo era ir embora.

Fomos, por fim, interrogados de novo, dessa vez juntos. E eles se comportaram com bem mais civilidade. Alguma coisa mudara, mas não sabíamos o quê. Pedi a eles que não contassem a ninguém, pois sabia que a revelação pública nos causaria problemas. Tinha certeza disso. Não sei por que não voltaram ao local onde ocorrera o evento, nem examinaram meu carro ou sequer registraram num boletim, de modo que eu pudesse recorrer ao seguro. Mas não fizeram nada e o xerife disse que estávamos livres. Deviam ser umas 23h00, talvez um pouco mais, mas não perguntei. Aquele foi o percurso mais demorado que fiz até o apartamento de Charlie. Voltamos em total silêncio. Não sabia se ele pretendia contar à família o que ocorrera, mas quanto a mim, nada diria à minha. Chegando em casa, fui direto para a cama, mas não consegui dormir. Foi a noite mais longa que já passei. Ambos nos levantamos às 04h00 para ir ao trabalho e achei que conversaríamos a respeito do contato imediato a caminho, de modo que a família de Charlie nada ouvisse.

Talvez fôssemos muito ingênuos de acreditar que ninguém saberia do que aconteceu, mas assim pensávamos na manhã seguinte, a caminho do trabalho. O xerife nos garantira que eles nada diriam e afirmou que se ficássemos de boca fechada, tudo estaria bem. Como nos enganamos!

***

Capítulo 3

A história de Charles Hickson

Embora este seja o meu livro, é justo e apropriado que conte os detalhes da história de Charlie. Afinal, Charlie faz parte de minha história e eu da dele. Só lamento que ele não esteja aqui hoje, pois creio que se alegraria se me visse contar meu relato do caso. Pensei em escrever a versão de Charlie, mas como ele era um escritor muito melhor que eu, pedi permissão para usar o texto do livro *UFO Contact At Pascagoula* *[Contato com UFO em Pascagoula, Wendell C. Stevens Publishing, 1983]*, de coautoria dele e William Mendez. Obtive a autorização da editora e reproduzo, aqui, o relato completo.

Quinta-feria, 11 de outubro de 1973

As noites do início de outono na costa do Golfo do Mississipi nos oferecem o clima mais agradável possível do planeta Terra. Melhor ainda, se pudermos desfrutar nosso esporte ou passatempo favorito. A quinta-feira, 11 de outubro, não foi exceção. O vento fresco do golfo começara. Tudo parecia em paz quando Calvin e eu nos acomodamos para uma noite tranquila de pescaria, depois de um dia cheio no estaleiro.

Ali sentado, naquela posição relaxada, lembrei-me de minha infância em Jones County, na região sudoeste de Mississipi. Andávamos, meu pai e eu, por uma trilha já muito conhecida nos bosques, uns dois quilômetros e meio até o Lago Tallahala, onde descansávamos durante uma noite de pescaria, não pensando nos dois quilômetros e meio da volta. Naquela tranquilidade, ouvíamos os grilos e o pio das corujas. Foi naquele lago que aprendi a delicada arte da pescaria e a importância da paciência até você se tornar um bom pescador.

Mas naquela noite específica, minha paciência estava no limite. Já usara de todos os truques para convencer os peixes vermelhos e as trutas a morder a isca, mas nada funcionara. Experimentamos, então, outros lugares, também sem sorte. Comentei com Calvin que deveríamos tentar outro local, um estaleiro abandonado onde, em diversas ocasiões, eu já apanhara peixes. Ele concordou.

Meu filho mais velho (hoje na Marinha, servindo em Okinawa) e Calvin têm quase a mesma idade e cresceram juntos em Jones County. Eddie, Calvin, o pai de Calvin e eu passamos muitas horas agradáveis pescando juntos quando os meninos ainda eram pequenos. Calvin havia me dito mais cedo que em todos aqueles anos, ele e Eddie nunca brigaram, sempre se deram muito bem. Não só eu pescava em companhia de um amigo, mas de um amigo de meu filho marinheiro. Mal sabia que até o fim daquela noite, eu veria mais terror no rosto de um jovem que já notara nas cinco grandes batalhas que lutei na Coreia.

Após chegarmos à área do velho estaleiro, tentei toda a minha habilidade e talento adquiridos no decorrer dos anos, pois só apanhamos uns peixes inúteis até o escurecer. Calvin disse: "Charlie, acha que devemos desistir? Não estamos pegando nada e até que eu sou bom nisso".

"Vamos tentar mais um pouco, Calvin", respondi. Acabara de fisgar um e estava puxando alinha. As iscas estavam atrás de nós e quando me virei para pegar outra, quase paralisei de pavor.

Ouvi um som sibilante e, a uns 20 e poucos metros de distância, uma nave estranha se aproximava do solo. Calvin também se virou e observou o objeto. Olhou rapidamente para mim, tentando ver em meu rosto uma explicação. Mas não tinha.

Mal podia acreditar em meus olhos. O que seria aquilo? Não imaginava de onde podia vir. Não havia ruído de motores, mas apenas uma luz azul pulsante, ou será que girava? A nave pairava a uns 60 ou 70 cm acima do solo. Como era possível? Como era controlada? Não podia ser uma aeronave conhecida, pois não fazia barulho nem tocava o chão; e não possuía asas. Seria pilotada? Todas essas perguntas me corriam pela cabeça. A última, se o objeto tinha ocupantes, logo seria respondida.

Estava parada ali, com seus nove metros e pouco de comprimento, quase três de altura, no formato de uma bola de futebol americano, mais arredondada numa das extremidades e com uma estrutura em cúpula no topo. Alguma coisa perto do topo, numa das extremidades, parecia ser duas janelas – fascinante, como se me hipnotizasse.

"Talvez vá embora. Podemos correr de volta ao carro e sumir daqui", pensei. Mas queria muito saber o que havia dentro. Estava apavorado, mas também curioso. Creio que ninguém estaria preparado para o que aconteceu a seguir. Apareceu uma abertura no lado voltado para nós. A luz azul se apagou. Visto pela abertura, o interior da nave parecia brilhar. Até hoje sinto arrepios quando penso nos três seres que apareceram através da abertura. Pela expressão no rosto de Calvin, percebi que ele também via a mesma coisa. Não podia me controlar: tremia de medo enquanto Calvin gritava.

"Diabo, o que eles querem? O que vão fazer?", esbravejei. Como que em resposta, os seres deslizaram para fora da nave, pairando mais ou menos à mesma altura dela, acima do solo, e flutuaram em nossa direção. Se a aparência deles fosse um pouco mais humana, não teria me chocado tanto. A cabeça parecia sair diretamente dos ombros, eles não tinham pescoço e algo parecido com um nariz se projetava para fora, com uns três centímetros de comprimento. A cada lado da cabeça, onde estariam as orelhas, havia uma protuberância parecida com aquele nariz. Diretamente embaixo do nariz, víamos uma abertura que lembrava uma boca. Os braços eram parecidos com os dos humanos, mas muito longos em proporção ao corpo; as mãos se pareciam com luvas e havia um polegar. As pernas ficavam sempre juntas e os pés lembravam patas de elefante. O corpo inteiro das criaturas era enrugado e tinha uma cor cinzenta. Talvez tivessem olhos, mas a área acima do nariz era tão enrugada que não dava para ver.

Dois dos seres me pegaram pelos braços, um de cada lado. Senti imediatamente dor no braço esquerdo, mas passou logo. Senti-me indefeso, não podia me mexer e meus sentidos estavam adormecidos. Outro deles segurou Calvin. Vi quando ele ficou mole e logo percebi que desmaiara. Enquanto me levavam para dentro daquela nave, lembrei-me de ter lido em várias ocasiões sobre casos em que as pessoas desapareceram. "Isso vai acontecer conosco? Alguém vai saber o que houve, se eles nos levarem? Hoje é o meu último dia na Terra?" Todas essas ideias me passavam pela cabeça.

Dentro da luz, o brilho era quase cegante, mas por alguma estranha razão não consegui fechar os olhos. "Desgraçados, por que não me matam de uma vez?", fiquei pensando. "Vão drenar o rio e não encontrarão nossos corpos. Pensarão que nos afogamos e fomos arrastados até o mar. Que Deus nos ajude – onde está Calvin, o que fizeram com ele?" Então, vi aquilo: uma coisa que parecia um grande olho pareceu sair diretamente da parede. Tentei fechar os olhos, mas não consegui. Por um instante, meu braço esquerdo doeu novamente. "Que diabo fizeram comigo? Não consigo me mexer".

O "olho" se aproximou e se deteve a uns 15 cm de meu rosto. A extremidade focada em mi era de cor ou material diferente do resto do objeto. Mais uma vez, tentei fechar os olhos, mas alguma força os mantinha abertos. O olho permaneceu ali algum tempo, depois começou a descer pelo meu corpo até retornar, passando por todo o corpo. Não havia dor nem sensação alguma. Tentei mexer os pés. Impossível! "Afinal, por que eles não me impedem de respirar e acabam com minha vida de uma vez?"

O olhou terminou o exame e voltou para dentro da parede. Os seres me soltaram e deviam estar atrás de mim, pois não os vi passarem para a minha frente. Tentei me mover novamente, mas alguma força ainda me impedia. "Por favor, não me levem!" Sei que dizia isso, mas não ouvia minha voz. "Calvin! Onde está Calvin?" Mas ainda não ouvia minha própria voz. Fiquei sozinho pelo que me pareceu uma eternidade, mas não deviam ter se passado mais que alguns minutos. Minha mente regressou a uma encruzilhada ao norte do Paralelo 38 na Coreia do Norte. O inimigo montara um bloqueio na estrada para nos isolar de nossa unidade principal, mas com calma e a cabeça no lugar, ensinamos aos norte-coreanos uma lição naquele dia, que muitos deles não viveram para se lembrar. "Fique calmo, Charlie!" dizia a mim mesmo. "Não entre em pânico. Sua hora virá, eles não podem deixar você assim para sempre". E então, eu os vi novamente. Seguraram-me da mesma maneira que antes. A abertura reapareceu e deslizamos até ela. "Talvez hoje não seja o dia em que vou morrer". Passamos pela abertura e flutuamos até o local onde os seres me pegaram. Meus pés tocaram o chão. Quando me soltaram, senti as pernas bambearem.

"Meu Deus, o que fizeram com ele?" Calvin estava em pé, com os braços estendidos, quase em choque. O rosto dele exibia mais pavor do que jamais eu vira em qualquer outra pessoa. Comecei a rastejar até ele, mas consegui me levantar antes de alcançá-lo. Pouco antes de me aproximar de Calvin, ouvi o zunido de novo, olhei ao redor e vi as luzes azuis cintilantes; quase imediatamente, a nave sumiu. Lembro-me de que uma ideia me passou pela cabeça: "Somos pacíficos, não lhes causaremos nenhum mal".

"Meu Deus, eles vieram de outro mundo!" Não podia acreditar: tivera um contato físico com algo de outro planeta. Esperava que não tivesse deixado nenhum dano físico. Mas, ah Deus, não sabia naquela época como aquele evento me afetaria mentalmente nos dias e noites a seguir. Cheguei até Calvin e o sacudi. "Não, não fique assim, por favor", gritei. Sacudi-o novamente, com força. Ele relaxou e caiu, gritando. Levei alguns minutos até fazer com que ele me reconhecesse.

Vi muitos homens em choque na Coreia. Calvin estava entrando nesse estado, mas consegui tirá-lo. Ele começou a me perguntar: "Charlie, o que vamos fazer? O que são aquelas coisas? O que vão fazer conosco?" Garanti a ele que haviam partido. Comecei a sentir aqueles arrepios novamente. Tremia. Por alguns minutos, não conseguia me controlar. Lembrei-me de uma noite, muito tempo atrás, 1952, na área central da Coreia do Norte, ao norte do Paralelo 38. Minha companhia fora convocada para ajudar a impedir um ataque no qual os norte-coreanos e chineses tinham furado as linhas da Primeira Divisão Capital do Exército Sul-coreano. "Charlie, como estão as coisas lá?" um recém-chegado dos Estados Unidos me perguntou. Tentei explicar, mas o combate é algo que você só entende se vivencia. Vi-o gritar e chorar naquela noite, após ajudarmos a impedir o ataque e retirarmos os corpos do campo de batalha.

"Charlie, você sentiu medo?", ele me perguntou. "Diabo, claro que senti", respondi. "Nenhum homem em seu juízo perfeito não sentiria medo". Mas era um medo normal. O inimigo estava lá, para matar ou morrer.

Naquela noite, no rio, fora diferente. Alguma coisa de outro mundo nos atingira – uma coisa que não poderia existir. O medo era maior que o normal, havia quase pânico, terror nunca antes vivido. "Será que vão voltar? O que fizeram comigo?" Perguntas que não tinham resposta.

Eu precisava pensar em Calvin e consolá-lo.

"Charlie, tive a sensação de que morri e depois voltei à vida", ele disse. "Você tem certeza de que estamos bem?"

Mais uma vez, assegurei-lhe de que tudo estava bem, mas nem eu acreditava nisso.

"Calvin, temos que esquecer isso e não contar a ninguém", pedi a meu amigo.

"Mesmo que não conte a ninguém, nunca vou esquecer. Fizeram alguma coisa com você, Charlie?"

"Não sei, mas quase me mataram de susto. Nem tenho certeza se estou vivo agora".

De repente, precisei sacudir meu amigo novamente. Ele disse: "O rosto, Charlie, não vi os olhos deles. Como alguém pode enxergar sem olhos?"

Na verdade, o rosto das criaturas era tão enrugado que não podíamos saber se elas tinham olhos ou não. Novamente Calvin me perguntou o que aquelas coisas eram. Quanto a mim, não sabia se aguentaria viver sem jamais contar o que aconteceu a ninguém. De repente, Calvin falou de novo. Estava pensando a mesma coisa: "Charlie, não devíamos falar com alguém? E se aqueles seres voltarem? Pelo menos, poderíamos informar as autoridades militares".

Ponderei um pouco, conversamos sobre o assunto e, me deu um clique. Eu disse: "Sim, vamos informar".

De um telefone público, liguei para a telefonista da base da Força Aérea em Keesler, Biloxi, a 48 km a oeste de onde estávamos. Uma voz feminina sonolenta atendeu: "Base da Força Aérea em Keesler, pois não?" Acalmei-me antes de falar e expliquei sucintamente o que acontecera e pedi para falar com uma autoridade. Educadamente, a moça me informou que eles não tratavam mais de tais coisas, e que eu teria de contatar o escritório do xerife local. Senti-me decepcionado. "Meu Deus!", pensei. "Se sofrêssemos uma invasão, o que aconteceria?"Desliguei e fui falar com Calvin. "Que diabo vamos fazer, Charlie? O pessoal no escritório do xerife vai pensar que somos loucos".

Por fim, resolvi ligar para o xerife, contar o que houve e pedir-lhe que avisasse as autoridades competentes, mas não contasse a mais ninguém. Quem seriam, entretanto, as autoridades competentes, eu não tinha ideia. Afinal de contas, a Força Aérea já dispensara a conversa.

Voltei ao telefone público, e liguei para o escritório do xerife. Mais uma vez, resumi o acontecimento. O assistente que atendeu parecia achar engraçado. "Venha até aqui e conversaremos", ele pediu.

"Diacho, será que ele pensa que estou doido? Tentou tirar uma com a minha cara? Vamos lá, Calvin".

Além de assustado, agora eu estava um tanto zangado também, o que novamente me lembrou de uma noite de patrulha na Coreia, sem saber o que nos espreitava ou o que ia acontecer; mas, fosse o que fosse, já esperava o resultado.

"Coragem, Calvin, talvez riam de nós, façam piadinhas e tudo o mais, mas sabemos que algo aconteceu conosco".

Calvin tremia, parecia focar os olhos em algum ponto distante.

Contamos nossas versões da história separadamente, repetidas vezes, num espaço de tempo que pareceu durar umas duas horas. Em seguida, nos colocaram juntos numa outra sala e nos interrogaram. Depois, ficamos sozinhos algum tempo. Descobrimos, posteriormente, que havia um gravador oculto na sala. O xerife afirmou no dia seguinte que a fita secreta foi o que finalmente o convenceu de que falávamos a verdade. Depois de nos garantir que o caso não seria citado nos jornais, ele nos disse que podíamos ir embora.

Esperava que conseguisse dormir um pouco antes de ir para o trabalho na manhã seguinte. Mal sabia que haveria muitas noites em claro nas semanas seguintes. A caminho de casa, fiquei na dúvida se tomáramos a decisão correta. Em meu íntimo, algo me dizia que sim. Uma coisa era certa: havíamos visto um tipo de criatura e uma espécie de nave de outro mundo nas margens daquele rio tranquilo e plácido. Aquela noite mudaria para sempre nossa vida.

Sexta-feira:

Sem dormir, fui trabalhar no estaleiro na sexta-feira de manhã. No caminho, tentei visualizar como seria o dia. Conseguiria me concentrar no trabalho? Afinal, tinha uma responsabilidade para com a empresa. Após direcionar as tarefas de minha equipe, minha mente voltou aos eventos da noite anterior. Estremeci, senti arrepios, comecei a tremer, mas rapidamente me controlei. Calvin não teve a mesma sorte. Fiquei preocupado. Pelo estado dele, todos perceberiam que estava apavorado com algo. Pensei em chamá-lo de lado para conversarmos, mas nesse exato momento tive de atender a um telefonema. Era uma chamada de longa distância de Jackson, Mississipi. Um repórter se apresentou. Fiquei paralisado por alguns segundos. "Como é que ele descobriu?", perguntei-me. Educadamente, disse ao repórter que nada tinha a declarar. Parecia que todos os telefones no estaleiro tocavam, chamando a mim ou a Calvin. Fred Diamond, nosso xerife, não mantivera a palavra. Liguei para o escritório dele e o próprio Fred atendeu. Logo pediu: "Charlie, você e Calvin podem vir aqui agora? Os jornalistas invadiram meu escritório. Querem falar com vocês".

"Caramba, Fred, você prometeu ontem à noite que não falaria com a imprensa. Estão nos telefonando de tudo quanto é parte do país".

"Charlie, não sei como vazou de meu escritório. Mas, enfim, o mundo precisa saber de uma história assim. Vocês podem vir aqui agora?"

Desliguei o telefone ruidosamente e soltei uns palavrões.

"Que diabo está acontecendo, Charlie?", perguntou Jim Flynt. Jim é capataz no estaleiro e meu amigo. Ele e Danny Davis, capataz de solda, tinham me ouvido ao telefone.

"Para começar, Jim, nunca mais confiarei em nosso xerife. Ora, quer saber, vou contar a você e a Danny o que houve. Parte do país já sabe mesmo, graças a Fred Diamond".

Os dois foram muito compreensivos enquanto Calvin e eu narrávamos o que nos ocorrera. Jim é bom desenhista e esboçou uma ilustração das coisas que Calvin e eu vimos saindo da nave espacial.O telefone tocou novamente. Oliver Bryant queria falar conosco no escritório principal. Não podíamos deixar o gerente geral esperando.

"Charlie, você e Calvin venham até aqui, sentem-se conosco e vamos conversar sobre o que aconteceu ontem à noite". Era Johnny Walker, dono do estaleiro, que pedia. Depois de lhes contar nossa história, conversamos sobre o assunto minuciosamente. Johnny mencionou que numa situação assim, deveríamos contar com aconselhamento legal. Concordamos e, na sequência, Joe Colingo, advogado muito conhecido em Pascagoula, foi contatado. Chegou rapidamente e lhe contamos sobre o evento. Mencionei que o xerife queria conversar conosco em seu escritório.

Entramos no escritório do xerife pela porta dos fundos, pois a da frente estava cercada por jornalistas. Depois de receber um cumprimento de Diamond, Joe logo perguntou se podíamos passar por um teste do detector de mentiras. O xerife respondeu: "Não temos tal equipamento aqui, mas não acho necessário. Não depois da fita que gravamos ontem. Ligamos um gravador sem que eles soubessem, quando estavam sozinhos". Joe insistiu no teste, mas ninguém parecia interessado. "Talvez mais tarde", alguém disse. Pelo que sei, ligaram para Mobile, Alabama, o local mais próximo com polígrafo, mas eles se recusaram – não queriam aquele tipo de publicidade.

Enquanto todos falavam do tal teste com o polígrafo, tive uma ideia: "Afinal, por que não nos testam para descobrir radiação? Se estivermos contaminados, muita gente que se aproximar talvez também se contamine". Pensei em minha família e meus olhos se encheram de lágrimas. Imediatamente, então, o detetive Tom Huntley e Joe Colingo nos conduziram pela saída de trás até um carro e nos levaram depressa ao Hospital Singing River, em Pascagoula, para um exame. Mas após conversarmos com um dos médicos, soubemos que o hospital não possuía equipamento para aquele tipo de teste.

Tom Huntley, talvez um das autoridades legais mais competentes em Jackson County e provavelmente no estado, não hesitou: imediatamente ligou para a base da Força Aérea em Keesler e perguntou se poderíamos ser examinados lá.

"Vamos, rapazes", ele disse. "Eles vão fazer o exame em Keesler".

No caminho até a base, perguntei a Tom o que aconteceria se o teste desse positivo.

"Diacho, Charlie, não sei. Vamos aguardar para ver", foi a resposta.

Embora o carro excedesse o limite de velocidade, creio que aqueles foram os 56 km mais demorados que já percorri. Quase não conversamos. Acho que todos pensávamos a mesma coisa: "Que diabo vamos fazer se fomos expostos à radiação?"

Os PMs na entrada nos orientaram até o local onde a equipe aguardava. Estávamos numa instalação militar, onde todas as precauções eram tomadas. Todos se afastaram, exceto os peritos que nos examinariam, e estes usavam vestimenta especial contra radiação. Acho que nunca senti alívio tão grande na vida como no momento em que o teste deu negativo: não tínhamos o menor sinal de radiação. Senti que recuperava as forças quando percebi que não havia contaminado ninguém.

Passado o exame, pedimos uma audiência com o serviço de "Inteligência" em Keesler. Novamente, contamos o que nos acontecera. Senti que acreditaram em nossa história, mas as ordens de Washington eram claras: "Sem interferência". No caminho de volta a Pascagoula, não parava de pensar na noite anterior e naquela provação horrível: "Por que tinha de acontecer conosco?"

Sábado:

O escritório de Johnny Walker no estaleiro parecia ter se convertido num ponto central. Lá nos encontramos com Harder e Hynek. O doutor James Harder, professor na Universidade da Califórnia e também ligado a *Aerial Phenomena Research Organization [Organização de Pesquisa de Fenômenos Aéreos, APRO]*, e o doutor J. Allen Hynek, professor de astronomia na Universidade Northwestern, tomaram um avião e vieram conversar comigo e com Calvin.

Chegamos antes e deparamos com repórteres de televisão e jornal, que queriam fotos para suas matérias. "Diacho, é melhor aceitarmos logo, não vão nos deixar em paz enquanto não tirarmos essas fotos". Johnny não viu muito trabalho sendo feito naquela manhã de sábado. Quase todo mundo assistia ao espetáculo; as câmeras rodavam e as canetas ficavam sem tinta de tanto escrever, até que chegou o doutor Harder. Que alívio. Os jornalistas só queriam uma matéria, mas com os cientistas seria diferente. Eles tinham um interesse genuíno pelo assunto e talvez nos ajudassem a compreender o que ocorrera conosco.

Após as apresentações, o doutor Harder foi direto ao ponto. Queria ouvir nossa história. Começamos a contar. Em alguns momentos ele interrompia para fazer uma pergunta. Para algumas perguntas tínhamos resposta, mas não todas. Por fim, disse ele, o doutor Hynek chegaria dali a umas duas horas e ele, Harder, gostaria de esperar e conversar conosco novamente, mas dessa vez sob hipnose. "Penetrar nossa cabeça? De jeito nenhum! Ninguém vai penetrar nossa cabeça". Começamos a tremer de novo. O doutor Hynek ainda demoraria umas duas horas para chegar. Combinamos de nos reunir novamente às 14h00 e prosseguir com a conversa. Havia muita agitação, todos querendo conversar conosco – um verdadeiro pesadelo.

"Vamos para casa almoçar, Calvin", sugeri.

Blanche tinha feito uma refeição deliciosa. Curt e Tisha, meu filho mais novo e minha filha, parecia perceber que havia algo estranho com o pai deles e se mostraram muito quietos e compreensivos. Gostei muito mesmo da comida, a primeira desde quinta-feira que fizemos em paz e quietude, coisa que só uma família amorosa pode proporcionar num momento daqueles. Mas a paz não durou muito. Perto das 14h00, voltamos ao escritório de Johnny para nos encontrarmos com o doutor Hynek. Mal trocamos meia dúzia de palavras no caminho. Pensava com meus botões que efeito a hipnose provocaria em mim.

Jamais esquecerei a impressão que tive do doutor Hynek, um homem brilhante em sua profissão. Mas dizia mentalmente: "São todos loucos se pensam que vou deixar que penetrem minha cabeça". O assunto não foi mencionado naquele momento, mas cedo ou tarde, eu sabia, viria à tona. Novamente narramos nossa história, pelo que nos pareceu horas a fio.

"O olho, como era o olho dos seres? Descreva-o para mim. Viram medidores, instrumentos, dentro da nave? Como eram? Descrevam a nave novamente. Fazia algum barulho? Os seres falavam? Causaram algum mal a vocês? Quanto tempo ficaram lá dentro?"

Perguntas e mais perguntas. Algumas, eu sabia responder. Outras, não. Os doutores Harder e Hynek decidiram que a hipnose seria útil e começaram a nos explicar por que queriam aplicá-la. Também nos garantiram que se a experiência se tornasse muito aterradora, eles nos tirariam da hipnose. Não estávamos muito convencidos.

O barulho fora da sala aumentava. Estavam lá repórteres nacionais, repórteres locais, funcionários do estaleiro e outras pessoas interessadas. O doutor Harder abriu a porta e pediu silêncio completo. E funcionou. Se não houvesse carpete, daria para ouvir a queda de um alfinete. Eu mencionara ao doutor Harder antes que sentia uma dor de cabeça constante desde a noite de quinta-feira, provavelmente por causa do medo, da falta de sono e do terrível estresse que sofrera.

"Acho que posso ajudá-lo, Charlie, com essa dor e também a ter uma boa noite de sono", garantiu-me o doutor.

Relaxei no sofá e dali a poucos minutos, sob as sugestões do doutor Harder, entrei no maior estado de felicidade e relaxamento que já experimentei na vida. Voltei ao momento em que a nave pousou e as criaturas saíram de dentro dela. Creio, hoje, que a hipnose pode mesmo esclarecer muito, porém, só alguns dias após o evento! Meu Deus, não aguentava aquilo. Sou humano. Tenho meus limites. O doutor me trouxe de volta ao presente. Alguém enxugou meus olhos. Todo mundo demonstra medo, de um jeito ou de outro. No meu caso, meus olhos se enchem de lágrimas quando estou apavorado. Lembrei-me de um momento, no Vale Chong Payee, na Coreia. Estávamos numa trincheira entre umas castanheiras, preparados para um ataque. Meus olhos se enchiam de lágrimas naquela noite, enquanto o inferno corria solto à nossa volta. Mas fora muito tempo atrás e a milhares de quilômetros de distância.

Saí da sala. Calvin entrou em seguida. Preocupei-me com ele. "Oh, Deus, por favor não deixem que o levem de volta àquela noite de quinta-feira", mas sabia que essa era a intenção dos cientistas.

"Charlie, quer café? Fred Diamond, Tom Huntley e o capitão Willis estavam na cozinha, ao lado da cafeteira. "Quero, puro", respondi. Tentei conversar com eles para não pensar tanto em Calvin e no que ele ia passar. Algum tempo depois, a porta foi aberta e disseram que haviam terminado. Precisaram trazê-lo de volta no meio do trabalho, pois Calvin não aguentou. Acho que ambos tremíamos.

"Rapazes, vamos ao meu escritório", disse o capitão Willis; ele sabia que precisaríamos nos afastar dali por alguns minutos.

No escritório de Willis, conheci Ralph Blum, que posteriormente escreveria um livro com sua mulher Judy: *Beyond Earth:Man's Encounter with UFOs [Além da Terra: o contato do homem com UFOs, Bantam, 2007]*. Como são pessoas sinceras, em busca da verdade, Ralph e Judy se tornaram grandes amigos meus. Naquela época, Ralph trabalhava para a rede de tevê NBC e viera de Nova York com o doutor Hynek. Ouvi alguém comentar que Harder e Hynek estavam em uma coletiva de imprensa; logo o mundo saberia de nossa história. Calvin parecia vidrado em algum ponto distante. Eu pensava em minha família: "O que isso causará a eles? Uma coisa que nem eu entendo – e sei que eles também não. E quanto a meu filho em Okinawa? Como vai reagir?" Então, ponderei: "É sangue do meu sangue. Ficará assustado, mas não abalado, desde que saiba que seu pai está bem". Naquele instante, o que eu mais queria era vê-lo, mas sabia que era impossível.

"Esses homens não são indivíduos desequilibrados", disse o doutor Hynek. "Não são loucos".

"Viram alguma coisa que não era terrestre", afirmou o doutor Harder. "De onde veio e o que está fazendo aqui é questão de conjectura", continuou, "mas o fato de que esses seres estão aqui, neste planeta, é inquestionável".

Enfim, os repórteres já tinham material para escrever. A coletiva terminou. O doutor Hynek entrou no escritório do capitão Willis e perguntou se Calvin e eu gostaríamos de jantar com ele e o doutor Harder – frutos do mar no Wayside Inn, um restaurante bastante conhecido a poucos quilômetros da cidade, e depois da refeição poderíamos conversar um pouco mais. Recusei o convite porque não tinha fome, e Calvin também. Esperaríamos até que os dois voltassem, embora estivéssemos esgotados.

Mal haviam saído quando o telefone tocou. Era Curt, meu garoto. "Pai, volte logo para casa, mamãe está muito abalada". A voz dele transmitia preocupação.

"Não se preocupe, filho, já vou". Pedi ao capitão Willis que se desculpasse com o doutor Harder e o doutor Hynek. Poderíamos nos encontrar de novo no dia seguinte, mas minha família era mais importante que tudo para mim.

"Tudo bem, Charlie, vá tranquilo. Cuidaremos das coisas aqui", disse Willis. Atravessamos a ponte sobre o Rio West e rumamos para Gautier.

"Charlie, preferia que tivessem me matado, não aguento mais isso", disse Calvin. Mal o ouvia, pois pensava em minha família. Brenda, minha enteada, tão pequenina quando Blanche e eu nos casamos, e para mim, sempre como se fosse minha própria filha. Ela e Wayne (seu marido) moram em Vicksburg, Mississipi. Sabia que os dois deviam estar preocupados comigo.

Mais uma vez pensei em Eddie, na Marinha havia pouco mais de um ano. Leria a matéria dos jornais e veria tudo na tevê antes de receber minha carta, e ficaria extremamente preocupado até saber diretamente de mim que estava tudo bem. Sheila, nossa segunda filha, casada fazia pouco tempo, estava muito assustada, enquanto Blanche se abalara. Deus me abençoara com uma família maravilhosa. Refleti, por um minuto, em como os amava e como me amavam também. Sabia que superaria aquele trauma, pois recebia a força e o amor de cada um deles. Amanhã seria outro dia. Não me preocuparia agora. Passaria por ele quando chegasse. Conforme prometera o doutor Harder, a dor de cabeça sumiu e dormi muito bem naquela noite.

Domingo:

Senti o aroma de café Luzianne quando acordei. Blanche se levantara mais cedo e tinha preparado o café da manhã. "Como se sente, querido?", perguntou-me. Disse a ela que não sentia mais dor de cabeça e que dormira bem, sentindo=me muito melhor naquela manhã. Peguei o jornal e lá estava: *Cientistas afirmam que o caso do UFO de Pascagoula é verdadeiro*. Havia fotos dos doutores Harder e Hynek na primeira página e as declarações dos dois feitas à imprensa. Ouvira algo semelhante na noite anterior, agora os jornais traziam, com clareza:

"O doutor Hynek afirmou que no ano passado houve 1.042 casos diversos, alguns incluindo relatos impressionantes. Os dois cientistas concordam que o governo tem negligenciado as investigações sobre os objetos voadores não identificados. Disseram que a operação Blue Book, da Força Aérea, não foi totalmente eficaz,mas, por outro lado, serviu para acalmar até certo ponto os nervos das pessoas e impedir a eclosão de uma histeria em massa, como aquela criada por Orson Wells no rádio, na década de 30. O doutor Harder comentou que algumas pessoas são ridicularizadas, ouvindo absurdos como: 'O que você estava bebendo quando viu o UFO?' e 'Tem visto muitos UFOs ultimamente?'. Ambos os cientistas enfatizaram que Hickson e Parker dizem a verdade, não inventaram a história e não sofreram alucinações. São dois homens equilibrados e honestos, segundo o doutor Hynek. Não são indivíduos desajustados. O doutor Hynek explicou que os sinais de terror exibidos durante a hipnose seriam praticamente impossíveis de fingir. Os dois homens de fato passaram por uma experiência assustadora".

Calvin apareceu, nesse instante. Comentamos sobre a reportagem e começamos a tomar nosso café. De repente, bateram à porta: era o doutor Harder. Viera conversar conosco novamente ante de tomar o avião de volta à Califórnia. Fomos para a sala de estar, com uma xícara de café cada. Mais tarde, o doutor Harder hipnotizou Calvin, mas novamente precisou tirá-lo do estado. Fiquei horrorizado ao testemunhar o terror sentido por Calvin.

"Charlie", disse Harder, "quem não acreditar em você e em Calvin é um idiota e vocês podem me citar em qualquer veículo de mídia do país". O doutor Harder foi muito sincero em tal declaração. Era um homem dedicado, como muitos outros cientistas, que um dia será capaz de provar a todos que existem outros mundos e outros seres. Ele precisava tomar o avião. Por isso, após os apertos de mãos e a despedida, partiu. Era domingo e eu esperava poder descansar antes do trabalho no dia seguinte, mas os amigos começavam a aparecer. Nada de descanso naquele dia.

Segunda-feira:

Esperava sinceramente que tudo voltaria ao normal na segunda-feira de manhã. Trabalhar normalmente no estaleiro, sem pensar nos jornalistas nem atender ao telefone, acalmaria meus nervos um pouco. Calvin e eu ainda estávamos muito abalados. Quando chegamos ao estaleiro e tentamos retomar nossa rotina no trabalho, percebemos que seria impossível: excesso de telefonemas e de visitantes perturbava não só a nós, mas a todo o estaleiro. A gerência nos disse que poderíamos tirar algumas semanas de folga, até que a poeira assentasse. Não sabíamos como ganhar dinheiro no decorrer dessa folga, mas não tínhamos escolha: tentaríamos nos afastar de tudo por um tempo. Descobrimos, no entanto, que tal afastamento não era impossível. Havia muita gente interessada. As semanas que se seguiram foram um pesadelo: vinham pessoas de todas as partes do país.

Tommy Blan, diretor assistente do *International UFO Bureau [Escritório Internacional de Estudos dos UFOs]* da cidade de Oklahoma, em companhia de sua mulher, foi à minha residência e passou várias horas conosco, discutindo a provação pela qual passamos. Repórteres viviam à nossa porta, pedindo nossos depoimentos. Mas Calvin e eu não éramos os únicos passando por tal inferno. Murphy Givens, repórter do *Mississipi Times*, um jornal local, comentou:

"Se vocês cometerem o erro de perguntar no escritório do xerife se houve relatos de UFOs ultimamente, verão um olhar de incredulidade. Mais ou menos o mesmo tipo de olhar do homem que comprou uma vaca e lhe sugeriram registrá-la numa corrida de cavalos. Muitos curiosos, escritores autônomos, repórteres de revistas, etc., estão fazendo o maior reboliço no escritório do xerife".

Duas mulheres de meia idade, um que mal conseguia falar, fizeram a longa viagem de Connecticut até aqui para fazer algumas perguntas a Calvin e a mim. Uma delas era grande amiga de Betty Hill, a viúva de Barney Hill, o casal que declarara ter sido levado para dentro de um UFO, 13 anos atrás.

"Ela (Betty Hill) estava com os olhos cheios de lágrimas quando fomos embora", uma das mulheres explicou, acrescentando que a experiência dos Hill lhe arruinara a vida e que a senhora Hill esperava que, algum dia, nosso incidente ajudasse a comprovar o caso deles. Desde aquele encontro com essas duas mulheres, recebo cartas da senhora Hill, e espero que no futuro possa conhecê-la em pessoa e conversar sobre os acontecimentos.

Também a Força Aérea teve seus problemas. Judy Johnson, da *Mississipi Press*, relatou em 18 de outubro:

"Estamos fora da questão dos UFOs desde 1969. A Força Aérea não tem investigado nem pretende investigar relatos ufológicos". Essa declaração feita hoje pelo coronel James Howell do Escritório de Informações Públicas da base da Força Aérea em Keesler, Biloxi, resume a atitude geral da Força Aérea em relação a relatos recentes de avistamentos de objetos não identificados. Funcionários tanto em Keesler quanto da base da Força Aérea em Elgin, Flórida, se recusam a especular se os cidadãos da costa do Golfe correm algum perigo potencial. "Sempre que recebemos relatos de UFOs, indicamos as autoridades locais, caso a pessoa se sinta ameaçada", disse a tenente Iris Galen, do Escritório de

Informação Públicas de Elgin. "Se alguém exige uma investigação científica, recomendamos a universidade mais próxima. A Força Aérea simplesmente está fora da questão ufológica".

Tais afirmações me irritaram profundamente. Nosso governo gasta bilhões de dólares na exploração de outros mundos e chegou inclusive a enviar uma sonda ao espaço com símbolos para informar alienígenas a respeito da Terra; e, no entanto, ignoram avistamentos de UFOs. Não faz sentido para mim, mas suponho que devam ter suas razões.

Toda a costa do Golfo estava em polvorosa. Todos os jornais traziam uma matéria sobre mim e Calvin, além de relatos de outros avistamentos. Ministros religiosos começavam a falar em seus cultos sobre os UFOs e as interpretações bíblicas deles. Um pastor fez um apanhado de recortes de jornais e programas de televisão, pregando em seu sermão que os UFOs eram demônios. Que Deus tenha piedade da alma dele e dos pobres coitados que acreditaram nisso. Tal homem foi à minha residência, pedindo que eu concordasse com ele publicamente, o que recusei. Vi em seus olhos os sinais de cifrões.

Muitas pessoas tentavam e algumas conseguiam ganhar pequenas fortunas graças à terrível provação que Calvin e eu sofremos. Isso me revirava o estômago. Creio sinceramente que quando Jesus Cristo retornar a esta Terra, alguns daqueles abutres estarão presentes, tentando ganhar uns trocados. Os dias e noites pareciam mais longos nas semanas seguintes, enquanto eu me empenhava em conservar a sanidade. Tinha pesadelos quando dormia. Não pensava mais em outra coisa. Minha família me ajudou imensamente a não enlouquecer, tamanho era o estresse. Calvin passou um fim de semana em Jones County para visitar a família. Lá, acabou sofrendo um colapso nervoso e foi hospitalizado. Precisava realmente se afastar de tudo e todos. Permaneceu em Jones County, recusando-se a conversar com repórteres, e só voltou a Pascagoula muito tempo depois, mas apenas para visitar.

Sendo construtor de navio e necessitando do ganha-pão para sustentar minha família, voltei ao trabalho no estaleiro dali a algumas semanas, mas os repórteres ainda não me deixavam em paz, pessoalmente ou por telefone. Então, surgiu a pergunta na mídia: eu aceitaria fazer um teste com o polígrafo? Concordei. Foi feito na presença do xerife local e do delegado principal. A máquina indicou que eu dizia a verdade. Isso só fez atrair ainda mais repórteres, telefonemas e cartas.

Essa é a história contada por Charles Hickson. Ninguém jamais saberá o terrível estresse que sofri, exceto ele mesmo: Charles Hickson. Mas muitas pessoas me ajudaram a lidar com toda aquela pressão, tantas foram as cartas que recebi, e a todas elas sempre serei grato. Ainda existe amor e carinho entre os seres deste planeta, e sempre existirá enquanto houver vida. A narrativa de meu amigo Charles Hickson mostra ao leitor que ele era um homem com maior escolaridade que eu e que, sem dúvida, escrevia melhor. Esse foi um dos motivos por que optei por reproduzir o relato dele, pois não queria causar confusão. Tinha por Charles muito respeito, assim como tinham todos os que o conheciam. Foi um homem honesto, trabalhador e durão. Serviu o país no Exército durante a Guerra da Coreia e foi meu chefe e meu amigo. Assim como eu, Charlie adorava pescar. Sempre me protegeu e eu gostaria muito que ainda estivesse entre nós. Mantenho contato com alguns familiares de Charlie e todos sentimos muito a falta dele. Deus abençoe Charles Hickson.

***

Capítulo 4

O livro de Ralph Blum

Sei que nossa história é reproduzida em vários livros. Este é um extrato do livro de Ralph Blum. O leitor verá novamente que quando conversamos com o xerife pela primeira vez, foi praticamente só Charlie que falou, e a leitura do transcrito da fita secreta mostra claramente meu estado de pavor. Segue, então, a reprodução do livro de Blum:

Até a noite de domingo, os repórteres já tinham saído de Pascagoula. O doutor Hynek regressava a Chicago e o doutor Harder a Berkeley. O país inteiro já sabia o que acontecera com Charlie Hickson e Calvin Parker.

Dava uma sensação estranha chegar a Pascagoula, era como observar uma cena logo após alguma calamidade. As pessoas comparavam a situação com o dia em que o furacão Camile atingiu a costa. Xerifes turrões simplesmente tinham de falar sobre o acontecido. Talvez se tivesse ido dali a uma semana, quando as coisas voltaram ao normal, eu não tivesse sido convidado ao escritório do xerife para ouvir a entrevista gravada feita apenas três horas após Calvin e Charlie terem visto a luz azul reluzente. Era a primeira vez num caso ufológico importante que o depoimento das testemunhas fora gravado tão prontamente.

Tentei imaginar os sentimentos de Charlie e Calvin, enquanto contavam sua história. Vira o estado deles: dois homens à beira de um colapso, que haviam sofrido uma experiência para a qual nada neste mundo poderia prepará-los.

A entrevista foi conduzida pelo xerife Fred Diamond e pelo capitão Glen Ryder, por volta das 23h00 da quinta-feira. Começava com a voz de Charlie dizendo: Apesar de eu logo me tornar alvo de ridículo no país, vou contar o que vi e a experiência que tive...

"Seu nome, mesmo?"
"Charles Hickson. H-i-c-k-s-o-n. Apesar dos risos gerais que isso vai despertar em Jackson County, vou fazer o que é certo. É só o que posso fazer. E nem espero que acreditem. Sei que parece inacreditável".

Havia um peso na voz de Charlie. Era como se tivesse que se esforçar muito para pronunciar as palavras.

E a gravação continuava:

"Precisamos saber o que aconteceu. Desde o começo".

"Esta será a terceira vez".

"Mas precisamos ter certeza. Queremos ouvir a história. Ela nos convencerá".

"Certo, certo. Calvin e eu, este rapaz – ele trabalha comigo – ficamos abaixo do elevador de grãos, ao longo do rio. Pegamos alguns peixes, não muitos. Então, disse a ele: Calvin, meu filho, vamos subir até o estaleiro *Schaupeter*. Já peguei peixe vermelho e truta lá".

"Ele é seu filho?"

"Não, não. É meu amigo. Vem de Jones County. Sou de lá também, tenho uma fazenda e uma casa lá. Enfim, subimos para tentar pegar mais peixe. Não sei como, mas acho que vimos a mesma coisa. Uma luz azul. Moveu-se em círculos um pouco".

"A que altura estava?"

"Não dava para saber com certeza. Não muito perto. De repente, se aproximou a menos de uns cinco quilômetros. Chegou bem mais perto. E era *azul*. Você fica surpreso quando olha para o céu e vê uma luz azul. Chama a atenção. De repente, desceu bem rente ao pântano. Ficou a uns 90 cm do solo".

"Muito próxima?"

"Umas 25, 30 jardas. Mas podia estar mais distante, talvez 35 ou 40 jardas. Quando você vê um negócio desses, quase *morre* de medo! Não acreditava! Comecei a andar em direção ao rio".

"Fazia algum barulho?"

"Um zumbido, como um nnnnnn, mais ou menos. Só isso. Não havia fumaça por trás, nada assim. E achei que estava sonhando, sabe? Cheguei perto do rio, cara. E Calvin... ficou histérico".

"Qual é o sobrenome de Calvin?"

"Parker. Calvin Parker, Júnior".

Após uma pausa, Charlie continuou:

"O negócio estava acima do rio. Não tocava o solo. Pairava. E de repente, numa das extremidades, apareceu uma abertura e três daquelas coisas saíram flutuando. Não tocavam o solo também".

"Esses seres não tinham pés?"

"Não. Não tinham artelhos, mas a *forma* era de um pé, mais ou menos arredondada, como uma coisa com uma perna. Se é que se pode chamar de perna. Fiquei morrendo de medo. E só tinha comigo a vara de pesca. Enfim, tive tanto medo que você nem pode imaginar. Calvin estava histérico".

"E o que aconteceu depois? Eles caminharam até vocês?"

"Eles simplesmente deslizaram até mim. Um deles fez um barulho como um zunido e os outros dois ficaram em silêncio".

"Como era esse barulho?"

"Tipo ZZZZZ ZZZZ".

"Parecia som de máquina?"

"Sim, mais ou menos. Talvez estivesse se comunicando com os outros. Não sei. Estava tão apavorado que não sabia o que pensar. E dois deles flutuaram para trás de mim e me ergueram do chão".

"Pelos braços?"

"Sim, me seguraram pelos braços com suas garras, como pinças. Não sei bem o que fizeram, mas me ergueram do solo".

"Mas não usaram força?"

"Não. Não me machucaram. Não senti nada".

"E como estava seu amigo, nessa hora?"

"Desmaiou. E então eles me deslizaram para dentro daquela coisa. Sabe, como se me guiassem até lá. Eles e eu nos movíamos como que flutuando no ar. Quando entrei, eles é que me controlavam. Não havia cadeira nem banco, eles é que me moviam para lá e para cá. Não consegui resistir. Simplesmente flutuava – não sentia nada, nem mesmo dor. Me deixavam por algum tempo em uma posição, e depois me erguiam".

"Você disse que colocaram algum instrumento em você?"

"Algum tipo de instrumento, não sei o que era. Não era parecido com nada que eu *conhecesse*".

"Mas como era? Pode descrever?"

"Não sei descrever".

"Como um aparelho de raio X?"

"Não, não parecia um aparelho de raio X. Não sei descrever. Era como um *olho*. Um *olho* grande. E tinha algum apêndice. Ele se movia. Parecia mesmo um *olho* grande. Percorreu todo o meu corpo. Para cima e para baixo. E depois disso, me deixaram sozinho".

"Sozinho dentro da máquina?"

"Sozinho. E na posição que eu estava, não conseguia me mexer. Só movia os olhos. Não sei quanto tempo fiquei sozinho. Nem tenho certeza se estava consciente, mas creio que sim. De repente, voltaram".

"Quanto tempo ficou sozinho?"

"Não sei. Nunca levo relógio comigo".

"Mas quanto tempo você calcula?"

"Talvez uns 20, 30 minutos. Quando voltaram, me deitaram novamente".

"Você não tentou falar com eles, perguntar o que estava acontecendo?"

"*Sim, tentei!*Mas só ouvi um zumbido de um deles. Só isso. Não prestavam atenção a mim, nem me ouviam falar".

"Quantos olhos eles tinham?"

"Se tinham olhos, não percebi. Mas alguma coisa saía mais ou menos de onde deveria ser o nariz, se aquilo fosse um rosto humano".

"Tinham cabelos?"

"Não sei. Juro que não sei. Há um branco em minha mente".

"Você olhou para eles, certo? Respiravam?"

"Juro que não sei".

"Qual era a altura deles?"

"Um metro e meio, mais ou menos".

"Não vestiam nenhum tipo de roupa?"

"Não notei".

"E não sabe dizer a cor deles?"

"Cara, fiquei com tanto medo que não sei dizer".

"Eram esbranquiçados? Pálidos? Azuis? Verdes?"

"Se me lembro bem, pareciam pálidos".

"Pele enrugada?"

"Acho que sim. Parecia grudada ao corpo. Talvez vestissem alguma coisa, talvez não. Não sei".

"Você disse que havia uma abertura abaixo do nariz?"

"Como uma fenda, mas não vi aquilo se mexer uma única vez. E havia algo de cada lado da cabeça que parecia uma orelha, mas não como as nossas orelhas. Não vi pescoço. A cabeça parecia sair diretamente do resto do corpo".

"Quando isso aconteceu, já era noite?"

"Acabara de escurecer".

"Bem, por que esperou até tão tarde da noite para nos procurar?"

"Bem, senhor Fred, quando saí de lá, sabia que ninguém ia acreditar. Fui até a *Mississipi Press*, bati na porta. Havia um negro sentado à mesa. Disse que queria falar com um repórter. Ele disse que os repórteres só chegavam pela manhã. Pensei, então: se eu for ao escritório do xerife, eles não vão acreditar. Se chamar a polícia, também não".

"Ora, como saber isso sem tentar?"

"Desculpe-me. Foi o que pensei".

"Vocês tinham bebido muito?"

"Nada, mas naqueles 45 minutos até uma hora antes de eu ligar para vocês, aí sim, bebi! Tinha que acalmar os nervos. Fiquei *doido*. E preciso voltar e falar com minha mulher. Ela deve estar histérica agora".

"Ela está bem. Você se lembra de como saiu?"

"De como saí de onde?"

"Da nave. Quando eles soltaram você".

"Só me lembro do garoto, Calvin, de pé ali. Nunca vi um olhar de pânico tão grande em ninguém como em Calvin, naquele momento. Demorei um pouco até conseguir reanimá-lo, e a primeira coisa que disse foi: Filho, ninguém vai acreditar nisso. Vamos guardar segredo. Mas quanto mais eu pensava, mas sentia que precisava informar as autoridades".

"O que eles fizeram depois de soltarem vocês?"

"Ouvimos um zumbido e o objeto *sumiu*".

"Pode descrever o veículo?"

"Sim. Tinha uns dois metros e meio de altura. Não era redondo, e sim oblongo. A abertura surgiu numa das extremidades. A única luz que vi no exterior da nave foi aquela azul".

"E dentro, havia luzes?"

"Não vi lâmpadas, nada parecido. Mas tudo estava iluminado, muito mesmo".

Charlie me explicou que tentou falar com a base da Força Aérea em Keesler, mas pediram que contatasse o xerife. Houve mais algumas perguntas e a entrevista acabou.

O xerife Diamond pediu que Charlie voltasse pela manhã para fazer uma declaração completa. Charlie disse que não queria publicidade e não pretendia abalar sua família. Em seguida, Diamond e o capitão Ryder saíram e deixaram as duas testemunhas sozinhas na sala, com o gravador ainda ligado.

A voz de Charlie tremia quando ele disse a Calvin: "Não vou aguentar muito mais". E Calvin parecia histérico.

Calvin: Quero ir para casa e dormir, ou tomar algum remédio para os nervos, ou então passar por um médico. Não aguento isso. Acho que vou enlouquecer.

Charlie: Eu lhe digo, quando isso acabar, lhe dou alguma coisa para se acalmar e você conseguirá dormir.

Calvin: Não posso dormir assim. Estou quase perdendo o juízo.

Charlie: Olhe, Calvin, quando eles soltaram você, e quando me soltaram, que diabo, eu não devia ter tirado você daquele estado.

Com a voz alterada, Calvin disse: "Meus braços, meus braços! Lembro-me que eles me paralisaram, não pude me mexer. Como se tivesse pisado numa maldita cascavel".

"Comigo não foi assim", Charlie suspirou.

De repente, os dois homens falavam mais consigo que um com o outro.

Calvin: Eu desmaiei. Acho que nunca tinha desmaiado na vida.

Charlie: Nunca vi nada parecido na vida. É impossível fazer as pessoas acreditarem.

Calvin: Não quero ficar sentado aqui. Quero um médico.

Charlie: As pessoas precisam acordar e acreditar. Elas precisam acreditar.

Calvin: Você viu como aquela maldita porta abriu?

Charlie: Não vi como ela abriu, garoto. Não sei.

Calvin: Abriu daquele jeito estranho e aqueles f.d.p. saíram, simplesmente.

Charlie: Eu sei. Não dá pra acreditar. Não dá pra fazer as pessoas acreditarem.

Calvin: Fiquei paralisado. Não conseguia me mover.

Charlie: Eles não vão acreditar. Mas um dia, terão que acreditar. Talvez seja tarde demais. Eu sempre achei que havia vida em outros mundos, lá em cima. Sempre soube disso. Mas nunca pensei que isso fosse acontecer comigo.

Calvin: Você sabe que eu não bebo.

Charlie: Sei, garoto. Quando chegarmos em casa, vou beber um pouco mais para conseguir dormir. O que estamos esperando, afinal? Preciso ir para casa e contar a Blanche. O que estamos esperando?

Calvin(em pânico): Preciso ir para casa. Estou ficando enjoado. Preciso sair daqui.

Charlie se levantou e saiu da sala. Calvin ficou sozinho.

Calvin: É difícil acreditar. Ah Deus, isso é terrível. Sei que existe um Deus.

As palavras dele, enquanto rezava, se tornaram inaudíveis.

O Caso Pascagoula não é o único do gênero. Conforme explicou o doutor Hynek, em todo o mundo pessoas têm tido "contatos imediatos" com naves estranhas e, em muitas ocasiões, até com seus "ocupantes". Dessa vez, porém, vi pela primeira vez o efeito profundamente perturbador do encontro com um UFO em dois seres humanos normais. Era impossível conversar com Charlie e Calvin – ou ouvir a fita – e não acreditar que algo apavorante lhes acontecera.

Entretanto, o que ocorreu em Pascagoula parece fazer parte de um mistério no mínimo tão antigo quanto a própria humanidade.

Fonte: *Beyond Earth: Man's Contact With UFOs [Além da Terra: o encontro do homem com UFOs]*, Ralph e Judy Blum.

***

Capítulo 5

A fita secreta

A famosa fita secreta é frequentemente citada como prova de que Charlie e eu não mentíamos, e de que realmente acreditávamos ter sido abduzidos por seres extraterrestres. Alguns afirmam que fomos levados a uma cela, naquela noite, que continha um microfone escondido, e que nossa conversa fora monitorada. Na verdade, jamais nos colocaram em cela alguma, mas sim nos interrogaram em várias salas no escritório do xerife de Jackson County. Contamos nossa história no mínimo duas vezes, até o xerife e seus assistentes terem a ideia de gravarem nossos depoimentos. Enquanto um dos assistentes me interrogava, Charlie foi levado ao escritório do detetive Thomas Huntley, uma sala pequena com algumas cadeiras, uma mesa e uma escrivaninha onde o gravador ficou sempre oculto. Não era a primeira vez que o escritório "grampeado" era usado para gravar um testemunho.

A fita secreta começa com um assistente pedindo que Charlie repita a história. "Bem, será a terceira vez!" Charlie retrucou. O pedido foi repetido e Charlie começou a relatar os eventos da noite até o momento da abdução. Terminado o relato, que levou cerca de meia hora, o xerife prometeu a Charlie que logo iríamos para casa. Nesse ponto, os interrogadores de Charlie pediram licença com o pretexto de irem buscar café e lhe ofereceram também. Mas ele não quis. Quando os homens saíram do escritório, mandaram-me entrar e fiquei sozinho com Charlie. Fecharam a porta e o gravador continuou rodando, oculto em uma gaveta da escrivaninha. Ficamos sozinhos por uns cinco minutos. Reproduzo a seguir a transcrição completa da gravação nesses cinco minutos.

Charlie: Calvin, tudo bem?

Calvin: Cara, estou morto de medo.

Charlie: Temos que ir embora e eu quero contar a Blanche. Eu lhe digo, garoto, aquilo foi de apavorar, sabe? Jesus Cristo!

Calvin:A gente ouve uma coisa dessas e não acredita.

Charlie: Pois é, a gente ouve, Calvin, mas...

Calvin: Deve ser alguma coisa do governo dos Estados Unidos?

Charlie:Não, não pode ser.

Calvin:Não sei, não.

Charlie: Aquilo que vimos não pode ser. É uma coisa que nem a Força Aérea conhece. Sei que tem algo lá em cima. E essa não será a única vez, vai acontecer de novo.

Calvin: Preferiria ter sofrido um infarto, sem brincadeira.

Charlie: Pois é.

Calvin: Achei que ia morrer.

Charlie: Sei disso. Quase morri de pavor, também, garoto.

Calvin: Estou quase chorando. Não aguento.

Charlie: Eu sei. É o tipo de coisa que a gente não esquece até o fim da vida. Jesus Cristo!

Calvin:O pior de tudo é que ninguém vai acreditar!

Charlie: Achei que já tinha visto o inferno na Terra e agora passo por uma coisa dessas. Mas acho que não fizeram nada conosco. Podiam ter feito, mas não. Não me feriram.

Calvin: Por que será que nos pegaram?

Charlie:Não sei, não sei. Eu lhe digo, não aguento muito mais.

Calvin: Quero ir para casa e dormir, ou tomar algum remédio para os nervos, ou então passar por um médico. Não aguento isso. Acho que vou enlouquecer.

Charlie: Eu lhe digo, quando isso acabar, lhe dou alguma coisa para se acalmar e você conseguirá dormir.

Calvin: Não posso dormir assim. Estou quase perdendo o juízo.

Charlie: Olhe, Calvin, quando eles soltaram você, e quando me soltaram, que diabo, eu não devia ter tirado você daquele estado.

Calvin: Meus braços, meus braços! Lembro-me que eles me paralisaram, não pude me mexer. Como se tivesse pisado numa maldita cascavel.

Charlie: Mas não foi assim, não foi. Puxa vida!

Calvin: Eu desmaiei. Acho que nunca tinha desmaiado na vida. *[Inaudível]*e é.

Charlie: Nunca vi nada parecido na vida. É impossível fazer as pessoas acreditarem.

Calvin:Não estou nem aí se acreditam ou não, porque eu sei.

Charlie: As pessoas precisam acordar e acreditar.

Calvin: Pode crer.

Charlie: Precisam acordar e acreditar.

Calvin: Com certeza.

Charlie: *[Pela Terceira vez.]* Elas precisam acordar e acreditar.

Calvin: Porque eu vi. Não consigo entender aquela coisa. Você viu como aquela porta se abriu, de repente?

Charlie: Sim, não sei como aconteceu.

Calvin: Não vi a porta balançar ou girar.

Charlie:Não sei como ela abriu. Não sei.

Calvin:Não vi abrir. Só ouvi aquele zzzzip.

Charlie: Como é que pode?

Calvin:A gente olha em volta, e aquelas luzes azuis e aqueles f.d.p. saíram, simplesmente.

Charlie: Eu sei. Não dá pra acreditar. Não dá pra fazer as pessoas acreditarem.

Calvin: Fiquei paralisado. Não conseguia me mover.

Charlie: Eles não vão acreditar. Mas um dia, terão que acreditar. Talvez seja tarde demais. Eu sempre achei que havia vida em outros mundos, lá em cima. Sempre soube disso. Mas nunca pensei que isso fosse acontecer comigo.

Calvin: Você sabe que eu não bebo.

Charlie: Sei disso, garoto.

Calvin:Vão nos acusar de ter bebido e tudo o mais. Mas eu sei que não bebi!

Charlie:E eu só bebi depois que saí daquela coisa maldita, para acalmar os nervos.

Calvin: *[Inaudível.]*

Charlie: Provavelmente vou beber um pouco mais quando chegar em casa para poder dormir.

Calvin: Digo uma coisa: se achasse que acalmaria meus nervos, eu beberia alguma coisa agora mesmo.

Charlie: Quando chegarmos em casa, vou beber um pouco, senão não conseguirei dormir.

Calvin: Não consigo esquecer. Acho que nunca esquecerei.

Charlie: Afinal, o que estamos esperando? Preciso contar a Blanche. Eles disseram que temos que esperar o quê?

Calvin: Ah, preciso ir para casa. Estou cansado de sentar aqui e começo a ficar enjoado. Sem brincadeira. Preciso ir para casa.

Charlie: Espere um pouco, vou falar com eles. *[Charlie sai do escritório]*

Calvin:[*Sozinho agora.*]É difícil de acreditar. [*Pausa.*] Acontecer isso no Rio Pascagoula. Coisas estranhas. Sei que existe um Deus. [*Inaudível. Talvez Calvin tenha dito: "Não vou perguntar por quê".*]

A voz se torna quase um sussurro. "Por que aconteceu comigo?" [*Nesse instante, os assistentes do xerife entram na sala.*] A gravação original da conversa foi feita em uma fita de rolo de um quarto de polegada. Está guardada, creio, no escritório do xerife de Jackson County, Pascagoula, Mississipi. Ela é disponibilizada para pesquisadores no campo da Ufologia.

A fita secreta é uma forte evidência de que Charlie e eu não mentimos, de que algo realmente aconteceu na margem oeste do Rio Pascagoula naquela noite de outubro. Escutar a fita convence mais – se é possível – que apenas ler a transcrição. Você ouve nossas vozes, e às vezes falamos ao mesmo tempo, não tanto um com o outro, mas cada um consigo. Qualquer um percebe que passamos por um evento traumático.

O tom de nossas vozes e a rapidez de nossa fala revelam ansiedade e confusão, coisas quase impossíveis de descrever. Eu, particularmente, devia estar à beira da histeria.

"*Estou quase chorando. Não aguento mais. Vou ter um troço. Estou enlouquecendo. Preciso ir para casa. [Inaudível.] Estou ficando apavorado. Sem brincadeira. Quero ir para casa*".

Mesmo sob o risco de me repetir, quero incluir aqui um trecho do arquivo da *Mutual UFO Network* (MUFON) do Caso Pascagoula. Agradeço a Jan Harzan, diretor executivo da MUFON por nos fornecer o arquivo completo. Os nomes no arquivo foram omitidos segundo a prática da MUFON, não por intenção do autor. Outros documentos daquela organização aparecem mais adiante neste livro, além de recortes de jornais. Reproduzo a seguir uma seção do arquivo da MUFON que aborda especificamente a "*fita secreta*" e, novamente, peço desculpas pela repetição de certas coisas; porém, sinto que é necessário publicar aqui o material para que ninguém me acuse de ocultar algo.

Lembro ao leitor que eu tinha 19 anos, na época. Os homens, principalmente ainda jovens, são condicionados a esconder o medo. Incomodava-me, porém, não ser capaz de esconder meu terror. Mais ou menos três semanas após o incidente, sofri um colapso nervoso e fui hospitalizado.

Quando Charlie disse: "Sempre achei que havia vida em outros mundos lá em cima", foi mero desabafo. Provavelmente, até o momento da abdução, ele nunca pensara na possibilidade de vida extraterrestre. Entretanto, naquela noite, algumas horas depois do evento, ele afirmou: "... Sempre achei...", talvez pela mesma razão que as crianças dizem, depois de levarem um susto daqueles: "Eu sabia que era você, o tempo todo".

Uma afirmação falsa assim faz a gente se sentir melhor. Essa é, enfim, a transcrição da fita secreta. Entenda-a como puder, mas posso confirmar que é verdadeira e exata. Eu e Charlie estávamos mortos de medo. Não mentimos, não exageramos, não tínhamos bebido e nunca usamos drogas. O que contamos ao xerife e a seus assistentes é a pura verdade. Depois de ouvirem a fita, eles começaram a nos tratar de um modo diferente. Penso que a fita também foi crucial para que os doutores Harder e Hynek acreditassem em nosso relato. Só soubemos da existência dela e a ouvimos muito tempo depois. Um ano, creio. Por que tanto tempo assim, não tenho certeza. O leitor poderá encontrá-la na internet e escutar, também.

***

Capítulo 6

A imprensa, o doutor Harder e o doutor Hynek

Lá estou em, às 04h00 do dia 12 de outubro de 1973, deitado na cama sem pegar no sono, com os ouvidos apurados para detectar alguém conversando. Por fim, ouvi Charlie e Blanche e resolvi me levantar, por volta das 04h30. Blanche preparava o café da manhã e Charlie tomava uma xícara de café. Disse "bom dia" aos dois, não querendo tocar no assunto porque não sabia se Charlie havia contado a Blanche. Voltei para meu quarto a fim de juntar tudo o que vestira no dia anterior, até os sapatos, enfiar num saco de lixo e jogar fora. Não queria nada que me lembrasse daquele dia. Além do mais, não sabia que tipo de bactéria podia haver naquelas roupas que afetasse outras pessoas. Queria conversar com Charlie sobre o ocorrido, mas não podia porque a família toda estava ali.

Voltei ao banheiro, passei desinfetante no corpo todo e me lavei rápido, debaixo do chuveiro. Por fim, vesti roupas limpas e calcei outros sapatos. Informei a Blanche que não me sentia muito bem e, por isso, não tinha fome, mas agradeci pela refeição que fizera. Por volta das 06h00, disse a Charlie: "Vamos trabalhar?"

Saímos do apartamento e entramos no carro. Tentei ligar o veículo várias vezes, até que finalmente pegou. Enquanto o motor esquentava disse a Charlie que precisaríamos fazer um check-up para ver se não tínhamos bactérias. Achava que as pessoas à nossa volta não estariam seguras enquanto não passássemos por quarentena. Charlie disse que devíamos estar bem, mas perguntei-lhe: "Diacho, como você sabe? Não é médico! Pense bem, Charlie, isso pode afetar todos os que tiverem contato conosco".

Charlie retrucou: "Vou providenciar isso mais tarde". Repliquei que se ele não tomasse uma providência, eu tomaria. Não queria que as pessoas soubessem, mas sentia que púnhamos os outros em risco se guardássemos aquele segredo entre nós. Charlie pediu: "Deixe-me cuidar disso, ou causaremos pânico à toa, e a situação sairá de controle". Ele queria parar na mercearia e comprar alguma coisa, mas insisti que só pararia após termos passado por exames. Naquela manhã, nos atrasamos por causa do carro, que não funcionava direito e soltava fumaça pelo escapamento. Demoramos até chegar ao estaleiro.

Por volta das 07h30, quando chegamos, notei vários carros que nunca tinha visto antes ali. Ao nos aproximarmos do portão, o guarda nos disse que nos aguardavam no escritório: "os dois", ele insistiu.

Pensei: "essa não". Podia apostar que o escritório do xerife mudara de ideia e resolvera nos prender. Mas enganara-me. E muito. Fomos ao escritório e o chefe nos pediu que nos dirigíssemos aos fundos. Havia umas cinco pessoas nos esperando, que eu não conhecia. Assim, não falei muito, e deixei a conversa para Charlie. Disseram que havia repórteres telefonando de tudo quanto era lugar e mal podiam conduzir os negócios no estaleiro por causa das constantes ligações. O escritório estava cheio de jornalistas e isso me incomodava muito, pois não queria que cada vez mais gente soubesse de nosso caso. Pensava: "Como, afinal, souberam?" Achei que deviam ter scanners ocultos, ouvindo nossas conversas – só podia ser isso.

Hoje, refletindo, percebo que estava sendo um pouco paranoico. Ainda não havia ligado para minha família e contado sobre a experiência, e nem pretendia fazê-lo. Só que, de repente, a imprensa escancarava a história em toda a mídia. Telefonaria para minha família à primeira oportunidade, contando-lhes tudo e afirmando que estávamos bem. Lembro ao leitor que não havia telefone celular em 1973.

O xerife, Fred Diamond, chegou ao estaleiro com dois assistentes para ajudar a controlar a movimentação e a mídia. Charlie estava tão chocado quanto eu ao deparar com tanto pessoal de mídia ali. A história já era oficial e o inferno se formara à nossa volta. Nada podíamos fazer para impedir o fluxo das notícias. Charlie perguntou a Fred por que ele falara com os repórteres a nosso respeito, mas ele nos garantiu que não dissera coisa alguma, nem seus assistentes. Eu tinha certeza de que ele ou alguém de seu escritório havia falado, pois ninguém mais sabia. Até hoje não descobrimos quem vazou a história para a imprensa. Só sei que não fui eu nem Charlie.

Foi chamado o advogado do estaleiro para tratar das questões legais, caso fosse necessário. O nome do advogado era Joe Colingo, Posteriormente, Charlie sugeriu que fizéssemos um contrato legal com ele, e fizemos. Simplesmente, comecei a me deixar levar pelas coisas, pois tudo aquilo era demais para um rapaz interiorano como eu. O contrato legal durou apenas uma semana e pouco. Charlie o cancelou, mas não sei exatamente por quê. Disse que não trabalharia mais com Colingo, pois ele só queria vantagem financeira e não estava interessado em nós. Não sei se era verdade e não me importo.

Voltando ao dia 12 de outubro, por volta das 09h00, enquanto conversávamos com o xerife e o dono do estaleiro, alguém deu a ideia de que seria bom verificarmos se estávamos contaminados por radiação. Pensei, "graças a Deus", e esperava que não houvesse nenhum problema conosco de modo que não expuséssemos ao perigo metade do Mississipi. O escritório do xerife nos levou em seu carro-patrulha ao Hospital Singing River para um exame médico. Lá nos disseram que não tinham condições de realizar um teste de radiação, mas fizeram em nós outros exames. Foi, para mim, um alívio, pois a questão me preocupava muito. Enviaram-nos, enfim, à base da Força Aérea em Keesler para verificar a radiação. Quando chegamos, umas seis pessoas nos aguardavam, vestindo trajes brancos que as cobriam da cabeça aos pés. Era algo assustador. Ninguém se apresentou, o que já assustava um bocado. Mas pareciam levar muito a sério o problema, o que me deu confiança. Separaram-nos, examinando Charlie e a mim a cerca de uns seis metros de distância um do outro, enquanto mandavam que as outras pessoas se afastassem. A leitura radioativa era feita com um detector de pilha térmica. Sei o nome do equipamento porque perguntei a um dos sujeitos que o manuseava, e ele me disse.

De repente, um deles anunciou: "limpos". Todos guardaram os equipamentos e entraram no edifício. Foi só isso que disseram: "limpos". Antes de irmos embora, alguém apareceu à porta e pediu que Charlie e eu o acompanhássemos. Caminhamos por um corredor que devia ter a extensão de um campo de futebol e observei como era imaculadamente limpo. O piso era encerado e quase podíamos ver nosso reflexo nele. De repente, ele se deteve diante de uma porta com janelas escuras que não permitiam enxergar do outro lado. Novamente, o garoto do interior (eu) começava a se preocupar com o que estava acontecendo. O homem abriu a porta, pediu que entrássemos e nos sentássemos. Charlie e eu ficamos sozinhos lá por uns cinco minutos, sem conversarmos. De súbito, a porta se abriu e uns seis indivíduos entraram, cinco usando uniforme militar e o sexto um terno preto e gravata branca. Pensei: "Cara, estamos perdidos". Mas, na verdade, foram muito gentis conosco, indo direto ao ponto. O homem de terno fez todas as perguntas sobre o evento da noite anterior e lhe contamos sobre os três seres que nos flutuaram para dentro da nave e o que aconteceu lá dentro.

Em seguida, nos deram um papel com a ata daquela reunião e os detalhes do que víramos, mas era, na verdade, uma folha em branco. Assinamos aquele papel em branco e nos deram cópias das folhas com nossas assinaturas. Informaram-nos que nos enviariam pelo correio uma cópia oficial. Não me lembro de jamais ter recebido a tal cópia. Depois de tudo isso, nos levaram de volta no carro-patrulha ao estaleiro. Chegamos por volta das 16h00. Voltamos ao escritório da empresa e nos informaram que nos encontraríamos, no dia seguinte, com o doutor Harder e o doutor Hynek, que chegariam às 09h00. Também me disseram que minha mãe e meu irmão estavam alojados numa pousada e seria bom eu ir vê-los. Pensei, de novo, "graças a Deus, finalmente alguém que conheço e confio". Ainda não havíamos falado com a Imprensa. Rumávamos para casa, mas precisamos parar por causa do problema do carro. Verifiquei, então, que três velas já não serviam mais. Fomos a uma loja de peças cujo nome não me lembro, comprei fios e troquei as velas no estacionamento.

De repente, o carro passou a funcionar como novo. Charlie e eu nem conversamos no caminho e quando chegamos em casa, eu lhe disse que nos encontraríamos no trabalho pela manhã, pois ia ver minha família na pousada. Charlie teria de ir sozinho ao estaleiro no dia seguinte.

Sozinho, comecei a pensar que era a primeira vez que tinha privacidade desde o ocorrido. Estava animado por ver meus familiares, pessoas que eu sabia que me amavam. Não sabia ainda como lhes contar o que acontecera e me perguntava como eles reagiriam. Levei uns 15 minutos até a pousada, que ficava em Gautier, na Rodovia 90.

Vi o carro de minha mãe estacionado em frente. Já estava escuro e não sabia o número do quarto deles. Logo encontrei, pois como tinham deixado as cortinas abertas, vi-os dentro do quarto. Encontramo-nos à porta; minha mãe chorava e eu também. Meu irmão estava muito assustado e nervoso. Depois de nos abraçarmos, entramos, antes que a Imprensa nos visse. Fechamos a porta, mas não falamos sobre o contato imediato. Eles apenas me perguntaram se estava bem e lhes garanti que sim. Perguntei sobre os outros da família e disseram que todos estavam pensando em mim e rezando por mim. Perguntei sobre Waynett, também, com quem me casaria em 09 de novembro daquele ano.

Não queria falar com ela por telefone sobre a experiência, esperaria até nos encontrarmos. Minha mãe disse que meu pai passaria na casa dela e adiantaria o assunto. Estava tão cansado que assim que me recostei na cama, adormeci. Por isso, não conversamos sobre o que se passou naquela noite. Eles simplesmente me deixaram descansar.

Na manhã seguinte, levantei-me por volta das 07h00, tomei banho, despedi-me de minha família, dizendo-lhes que os amava muito e que assim que acabasse a reunião, eu sairia dali e voltaria a Laurel, Mississipi, a fim de passar uns dias com todos eles e contar o que acontecera.

Saí por volta das 08h00, indo diretamente ao estaleiro para me encontrar com os doutores Harder e Hynek, que chegariam às 09h00. O trajeto levava 15 minutos e eu estava nervoso. Não gosto de me encontrar com pessoas que não conheço. Cheguei ao estaleiro e o guarda me acompanhou até o portão onde os funcionários do escritório estacionavam. Entrei e vi Charlie e o doutor Harder conversando. Respirei fundo, me aproximei deles e me apresentei. Entramos, então, na sala de conferências onde o doutor Hynek já nos aguardava. A primeira coisa que quiseram fazer foi nos hipnotizar, tentando assim descobrir mais detalhes de nossa experiência no rio. Charlie foi o primeiro e, dali a mais ou menos uma hora, se reuniu novamente conosco.

Enquanto era hipnotizado pelo doutor Harder, em outro escritório, o doutor Hynek, astrônomo e membro do Projeto Blue Book, da Força Aérea dos Estados Unidos (USAF), começou a falar comigo sobre nosso contato imediato. Já ouvira a história, creio que no escritório do xerife, mas queria que eu a repetisse. E foi o que fiz. Charlie e o doutor Harder, então, voltaram. Harder era professor na faculdade de engenharia de Berkeley. Pediu que eu entrasse com ele na outra sala. Conversamos um pouco, não sobre a abdução, mas apenas uma série de perguntas do tipo onde nasci, qual minha idade, quem eram meus pais, se eu tinha irmãos, etc. Respondi a tudo com a maior sinceridade e precisão possíveis.

O doutor Harder, então, pediu que me deitasse e relaxasse, pois ia me hipnotizar. Instruiu-me a escolher um ponto na parede e me concentrar nele. Começou a falar comigo sobre meu braço estar flutuando. Segui as orientações e, sob hipnose, lhe contei a história. Mas quando chegamos à parte da abdução, entrei em pânico. O doutor Harder me tirou do transe hipnótico e não quis tentar novamente. Parecia que a hipnose não funcionaria comigo.

Quando a reunião acabou, fiz algumas perguntas e só então descobri quem eles eram. Mais tarde, li no jornal uma entrevista com o doutor Hynek, na qual ele afirmava que evitaria tecer julgamentos sobre nosso caso de abdução, mas garantia que "...Hickson e Parker são homens honestos, que parecem realmente ter sofrido grande estresse por causa da ocorrência". Após nossa conversa, os dois cientistas partiram, tão rápido como vieram. Tive uma impressão muito boa deles, de pessoas que levavam a sério toda aquela questão.

Depois da reunião, Charlie e eu fomos chamados ao escritório, onde nos pediram que tirássemos uma licença remunerada de duas semanas, até que as coisas voltassem ao normal. Deram-nos cheques com nossos pagamentos para que não precisássemos retornar ao escritório nesse período. Quanto a mim, já resolvera voltar a Laurel, Mississipi, onde moravam minha família e minha noiva, e com eles conversar sobre a abdução. Minha bagagem já estava no carro e pude, enfim, partir logo. Mal podia esperar para chegar. Sabia que em casa eu estaria bem. Apenas não sabia como reagiriam Waynett e a família dela. Senti que ela ficaria preocupada, mas no fim, tudo se ajeitaria.

Não sei quem deu com a língua nos dentes e informou a Imprensa do que acontecera comigo e com Charlie, mas que a história vazou não havia dúvida. Reproduzo aqui outro trecho do arquivo da MUFON. Parece uma *Press release*, mas não tenho certeza. Seguindo suas políticas, a MUFON editou o documento. Creio que esse adendo ajudará o leitor a compreender o modo como a Imprensa nos assediava. Em outros pontos do livro, uso também alguns recortes de jornais.

***

Capítulo 7

Hipnose

Em parceria com William Mendez, Charlie publicou seu livro, *UFO Contact at Pascagoula [Contato com UFO em Pascagoula]* em 1983. Recentemente, a obra foi relançada por meu editor Philip Mantel, da Flying Disk Press. Não tive grande envolvimento com o livro, mas concordei em ser hipnotizado. Tenho a permissão para reproduzi-la aqui, pois é justo e apropriado que os leitores a conheçam na íntegra.

William Mendez veio acompanhado de John Kraus, que conduziria a hipnose. Há 17 anos o senhor Kraus se estabelecera como hipnoteraupeuta, tornando-se desde então muito respeitado. Seus clientes eram, na maioria, indicados por médicos na área de Detroit. Na ocasião (1976), ele trabalhava como secretário da Associação de Hipnose Profissional de Michigan. Kraus ensinava hipnose a médicos, dentistas e outros profissionais daquele estado.

O terapeuta começou sua primeira sessão de hipnose com Charlie, assegurando-lhe que a hipnose não é uma forma de controle mental, que Charlie permaneceria em controle pleno de sua mente o tempo todo e que poderia encerrar a sessão quando quisesse. Depois de mais algumas afirmações quanto à segurança da hipnose e ao conforto de Charlie – lembrávamos de como fora dolorosa na primeira ocasião, 48 horas após o incidente –, estávamos prontos para iniciar. Havia quatro pessoas no escritório: Charlie, John Kraus, Curtis Watkins (artista que desenhou as descrições de Charlie) e eu.

Vários gravadores foram ligados e Charlie assumiu uma posição confortável numa cadeira reclinável, ajustada para uma posição mais horizontal. Com as mãos repousadas sobre a fivela do cinto e uma venda sobre os olhos, Charlie se reclinou, tentando relaxar. Kraus começou com a fala indutora, uma série de sugestões que, se dessem certo, conduziriam Charlie de volta aos eventos de 11 de outubro de 1973. O processo inteiro de indução levou cerca de 30 minutos, dividido em três partes.

Na primeira parte, o hipnotista pediu a Charlie que se imaginasse tendo "uma deliciosa sensação de relaxamento" no alto da cabeça. Depois, sugeriu que esse sentimento "fluiria como água" pelos músculos do rosto, os ombros, os braços e antebraços, mãos e finalmente até as pontas dos dedos, relaxando cada um desses grupos de músculos por vez.

Uma série semelhante de sugestões foi dada, focando os músculos do tórax, costas, cintura, coxas, joelhos e pés, terminando com a indicação de que a "deliciosa sensação de relaxamento" percorria tudo até se projetar para fora dos pés. No decorrer de todo esse procedimento, Kraus incentivava Charlie a imaginar e sentir – se conseguisse – tudo o que era sugerido. Charlie permaneceu o tempo todo na posição inicialmente assumida. Em determinado momento, preocupei-me que talvez estivesse dormindo. Logo ficou claro, porém, que isso não acontecera.

Na segunda parte da fala indutora, Charlie tinha de visualizar um relógio especial, o seu "relógio de relaxamento". Ele tinha números como um relógio comum, mas só um ponteiro, que girava em sentido anti-horário. Kraus instruiu a Charlie que visualizasse o relógio com o ponteiro apontando para o número 12 e, conforme deslizasse e apontasse para cada um dos números no mostrador, ele pensaria: "estou relaxado". Charlie não podia dizer as palavras em voz alta, apenas pensar nelas: "estou relaxado". John Kraus foi contando os números no relógio imaginário: "11" e Charlie deveria pensar "estou relaxado"; "10", a mesma coisa; "9", dessa vez o hipnotista não disse nada, mas simplesmente pausou para, depois, continuar em voz baixa até o ponteiro voltar para "12".

Na terceira e última parte da indução, Kraus pediu que Charlie visualizasse as páginas de um calendário começando com o mês e ano em que estávamos, fevereiro de 1976. Diferentes dos calendários normais, neste as páginas viravam para trás. Quando fevereiro acabasse, veríamos janeiro de 1976, e ao retirar janeiro, encontraríamos dezembro de 1975, sempre seguindo para trás. Através desse procedimento, Kraus conduziu Charlie lentamente de volta para o passado, até setembro de 1973. Nesse ponto, então, sugeriu que Charlie saltasse para a frente, até outubro daquele ano e especificamente a quinta-feira, 11 de outubro de 1973, o dia da abdução.

Segue uma compilação das transcrições editadas de várias sessões de hipnose conduzidas com Charles e comigo entre fevereiro e maio de 1976. Quando aparecem reticências (...), parte do depoimento foi deletada. Isso foi feito para deixar a transcrição manejável, pois inteira seria longa demais para reproduzir. As interrupções em colchetes [ ] e demais comentáriosfazem parte da narrativa no livro de Hickson e Mendez.

Kraus: Chegando agora a 09 de outubro de 1973. Dia 10, agora, relaxado, calmo e seguro, perceptivo, muito relaxado e sempre em perfeito controle. Agora, a manhã de 11 de outubro de 1973. Manhã, você tem de ir trabalhar. Você se lembra claramente, distintamente, de tudo o que lhe aconteceu. Depois do café da manhã, você sai para o trabalho. Meio da tarde agora. Intervalo do almoço. Muito relaxado, muito calmo, muito seguro, ciente de tudo o que acontece. ... Agora quero que você comece a descrever o que está acontecendo. ... Você vai falar com clareza e perfeição e entender suas próprias palavras. ... É hora do almoço agora. Acabou o almoço e agora você volta ao trabalho.

Charlie: Sim.

Kraus: Certo. Voltou ao trabalho?

Charlie: Alguns estão voltando agora.

Kraus: Sua equipe está trabalhando com você?

Charlie: Sim, quase todos estão de volta.

Kraus: Vá um pouco mais para a frente agora. ... Relaxe. ... Está tudo bem.

Charlie: Calvin e eu estamos falando de ir pescar depois do jantar em casa. ...

Kraus: Continue. ... Você está bastante relaxado.

Charlie: Espero que minha mulher já esteja com o jantar pronto. Estou com fome.

A partir dos comentários acima, fica evidente que a regressão hipnótica de Charlie foi do tipo que o levou a reviver a experiência, e não apenas "testemunhá-la". Quando ele formava as frases, usava o verbo no presente. Ao se referir aos trabalhadores seus subordinados, disse "alguns estão voltando" e não "alguns voltaram". Não há dúvida de que Charlie está revivendo a experiência quando o ouvimos dizer: "Espero que minha mulher esteja com o jantar pronto. Estou com fome".

Kraus: O que está acontecendo agora?

Charlie: Estamos atravessando a ponte na direção de Gautier, de casa.

... Estamos perto do condomínio. Sim, ela já preparou o jantar. ... Droga! Emprestei um dos meus carretéis de pesca. Ah, mas ainda tenho três. Tem bastante equipamento de pesca aqui. Não preciso comprar isca. Tenho muito camarão congelado no freezer. Estamos indo agora *[para o rio]*. Não sei bem onde devemos ficar, no rio. Já pesquei aqui muitas vezes. Eu. ... *[Charlie suspira nesse ponto, como se estivesse decidindo onde pescar.]*Acho melhor tentarmos ficar perto daquele elevador de grãos.

Charles faz pausas frequentes na narrativa. Três períodos de silêncio variam entre dez e 30 segundos. Ouvindo a transcrição, tem-se a impressão de que às vezes, nesses períodos, Charlie aguarda até uma parte da "ação" passar. De vez em quando, ele dá uma pincelada em algum evento que levou tempo para ocorrer na realidade. Por exemplo, o jantar é mencionado como estando pronto, mas na regressão não houve pausa para descrever a refeição. É como se o consciente de Charlie mediasse, decidindo o que era importante e passando rápido pelo que era mais insignificante.

Kraus: Relaxe agora. Tranquilo e relaxado.

Charlie:Há muitas ondas no rio, provocadas pelos barcos pesqueiros chegando. *[Charlie e Calvin estão pescando no rio agora.]* Não vamos pegar nada aqui. Vamos rio acima, agora. Parece que teremos de andar um pouco mais. ... A maré não está boa. *[Pausa longa. Charles ri; é um riso espontâneo, contagioso, e todos rimos junto.]* Calvin contou uma piada. ... *[Ele ri de novo.]* Não vamos pescar nada. O rio não está bom. Ele não tem relógio. Calvin disse que deixou o relógio no carro. Não sei que horas são. O sol ainda não se pôs por completo. Não é muito tarde. Bem, acho que não vamos descobrir que horas são. Calvin não consegue encontrar o relógio. Vamos subir pelo rio agora, até o outro lado.

Kraus: Você está bastante relaxado e calmo.

Charlie: Sei lá, talvez a gente consiga pegar algum aqui. Mas duvido.

Kraus: Você está relaxado e calma, muito bem.

Charlie: Estamos pensando em voltar ao Rio Pearl, preparar umas linhas para peixe-gato, como fizemos algum tempo atrás, o pai de Calvin e meu menino. Mas não sei quando vamos. Puxa, esse píer já existe há muito tempo, está ficando velho. *[Agora os dois estão no estaleiro abandonado Schaupeter.]* Pegamos um 'cabeça-dura' *[nome de uma espécie local de peixe-gato]*, mas não é dos bons. Acho que os peixes vermelhos não vão morder. Queria que Calvin achasse o relógio para sabermos que horas são. Calvin pegou um corvina. *[Charlie ri novamente. Não perguntamos e ele não explica por quê riu.]* Não vamos conseguir nada aqui. *[Depois de uma pausa longa, Charlie começa a mexer um pouco as mãos e os pés e a suar em cima do lábio superior.]*

Kraus: Estamos aqui com você. Não tenha medo. *[Charlie começa a respirar mais pesado.]*

Charlie:*[Respirando fundo e com um tom de pânico na voz, ele grita.]* Calvin! Calvin! Você ouviu aquilo? *[Tomado de pânico.]* Ah, meu Deus! O que é? Tem umas luzes azuis. Não toca no solo. *[Respira mais pesado ainda, agora.]* A luz azul apagou.

Kraus: Olhe de perto. Não tenha medo. Não precisa ter medo agora.

Charlie: Alguma coisa está abrindo. Aquela luz é muito forte. Forte demais. É muito grande.

Mendez:O que é muito grande, Charlie?

Charlie: Ora, aquela coisa ali! Não sei que diabo parece. Parece uma coisa muito grande... *[Ele não termina a frase.]*

Kraus: Dê uma boa olhada.

Charlie: Tem algo no topo. Não sei o que é, mas parece que há alguma coisa ali.

Kraus: Você consegue ver claramente.

Charlie: Alguma coisa está saindo pela abertura.

Kraus: Não tenha medo, Charlie. Não tenha medo.

Charlie: Alguma coisa passou pela abertura. Ainda não sei o que é.

Kraus: Observe bem. Não tenha medo, só olhe.

Charlie: Ah, meu Deus! O que vou fazer? Não consigo me mexer. Não posso correr. Nada. Eles estão saindo. O que é isso? *[A voz se elevando.]* Calvin! O que é aquilo? Estão se aproximando! *[Incrédulo.]* Não consigo me mover!

Kraus: Você não está com medo. Consegue ver tudo claramente.

Charlie: São três. Três deles. Agora os vejo melhor.

Kraus: Olhe bem de perto agora. Você não está com medo. Não tenha medo. O que está acontecendo, Charlie?

Charlie: Sejam o que forem, estão vindo em nossa direção. São três. Não sei muito bem, ainda não dá para ver direito. Não tocam o solo. Ah, meu Deus! *[Tom de incredulidade na voz.]* Que aparência esquisita! Nunca vi nada assim.

Kraus: Não tenha medo deles. Você consegue ver com clareza, perfeitamente. Não tenha medo.

Charlie: Não são muito altos.

Kraus: Que altura você acha que eles têm?

Charlie: Não sei. Não tocam o solo. É difícil calcular. Agora estão mais perto.

Kraus: Observe bem.

Charlie: Pois é, estão mais perto. Puxa vida! São cinzentos. Têm uma coloração cinza. Se houvesse um pouco mais de claridade, eu veria melhor. Eles têm cabeça, sejam o que forem. É uma forma redonda. Espere aí, deixe-me ver melhor. *[Pausa longa.]* Tem uma coisa que sai da cabeça. A cabeça se estende numa coisa pontiaguda. E tem uma coisa nos lados da cabeça, também. Mas não parece orelha.

Kraus: Olhe com calma para eles. Observe com atenção. Como eles são?

Charlie: Uma aparência áspera. Cinzenta. Não sei o que são. Não parece que usam roupas ou algo assim.

Kraus: Olhe bem, agora, Charlie. Não tenha medo.

Charlie: Nunca vi nada assim. Aposto que eles não têm pés. Não vejo, pelo menos. Nem tocam o solo.

Kraus: Observe de novo. Descreva com calma. Não tenha medo. Olhe para tudo com muita atenção.

Charlie: Não usam nenhum tipo de tecido. Também não parece metal. Não sei o que é, não enxergo direito. Ainda estão vindo em nossa direção. *[Suspira profundamente.]*

Kraus: Não tenha medo, Charlie.

Charlie: Eles vão me pegar. Aquela luz! Estão me segurando! Alguma coisa me pegou. Meu ombro esquerdo, sinto uma dor aguda nele. Ah, Deus! Pegaram Calvin, também.

A dor que Charlie sentiu quando a criatura segurou seu braço é um dos diversos eventos que permanecem inexplicáveis. Podia ser um choque elétrico ou uma injeção com o intuito de incapacitar Charlie, pois ele ficou de fato paralisado no momento da captura. Calvin, por outro lado, parece não ter sentido dor, mas talvez não a tenha notado por causa do trauma.

Para aumentar o mistério, Charlie sofreu um tipo peculiar de sangramento na sexta-feira após a abdução. Ele se lembra de ver sangue escorrendo de um pequeno ferimento no antebraço esquerdo, justamente o local agarrado pelo ser que o capturou! O sangramento durou tempo suficiente para assustá-lo, e teve de ser secado com um lenço repetidas vezes. Tanto Calvin quanto Blanche, a mulher de Charlie, testemunharam esse fenômeno.

O sangramento cessou na sexta-feira à noite e, no dia seguinte, Charlie não conseguiu encontrar nenhum traço de pele danificada ou sequer escoriada. Talvez, por causa do fim da preocupação com a ferida, ou simplesmente devido à confusão daqueles dias, Charlie não relatou o incidente às pessoas que investigaram sua abdução. Dali a algum tempo, contudo, ele contou o caso ao escritor Ralph Blum, que o menciona em seu livro *Beyond Earth:Man's Encounter with UFOs [Além da Terra: o contato do homem com UFOs]*.

Kraus sondou a estranha experiência do sangramento enquanto Charlie estava sob hipnose, trazendo à tona os seguintes detalhes. Charlie notou pela primeira vez o sangramento por volta das 08h00 na sexta-feira, 12 de outubro, no estaleiro Walker, onde trabalhava. Limpou o sangue com um lenço e viu o que parecia um pequeno ferimento. Mais tarde, já em casa, por volta das 18h00, novamente percebeu que o braço sangrava. Mostrou, então, a Blanche e Calvin. Em seguida, tomou um banho e não notou se o sangue continuava a escorrer. Sob hipnose, Charlie não demonstrou nenhum sinal de ansiedade excessiva quanto ao episódio. Falou do problema num tom de voz normal, dizendo que talvez tivesse se ferido com uma lasca de aço no trabalho.

Antes de passarmos para o relato sob hipnose de Calvin a respeito da abdução, consideremos alguns comentários de Charlie, que indicam fortemente que sua hipnose foi profunda e genuína. Por exemplo, ao descrever a espaçonave, ele disse: "É muito grande". Quando lhe perguntaram "o que é grande?", ele respondeu: "Ora, aquela coisa ali". Não usa as palavras "nave" ou "espaçonave" porque na hipnose ele está revivendo a experiência e, naquele momento, não tinha ideia do que pairava diante deles. Seu comentário seguinte, ainda sob hipnose foi semelhante, pois alguma coisa que ele descrevia consciente e frequentemente como uma "cúpula" não transparece com essa palavra durante o transe hipnótico. Só o que dizia era: "alguma coisa no topo". Do mesmo modo são abordadas as criaturas em seu estado "inconsciente". Ele se referiu aos seres como "alguma coisa passando pela abertura. Não dá para ver o que é". Todos esses comentários sugerem que a regressão hipnótica de Charlie foi uma autêntica recordação "viva" das experiências e que seu conhecimento era limitado ao que sabia naquela noite de outubro. Sigamos agora com a hipnose de Calvin. Mais uma vez, o estado hipnótico foi induzido por John Kraus.

Kraus: Vou contar até três e você vai abrir os olhos. Vai voltar àquela noite, no Rio Pascagoula. Não precisará ter medo, pois sabe que está apenas vendo tudo, como se fosse um filme. Você vai apenas rever o que aconteceu. Não há nada a temer. Quando eu disser "três", você vai abrir os olhos e continuar em sono profundo, hipnótico. Um, dois, três. Ok, abra os olhos e continue em transe profundo. Um transe cada vez mais profundo. Você pode se comunicar perfeitamente. Abra os olhos agora. *[Calvin abre os olhos.]* Ótimo, Calvin, ótimo. Você está no píer agora. Consegue reviver o que aconteceu lá. Está lá e eu estou com você, não precisa ter medo. Você consegue descrever o que está vendo. Acabou de ouvir o som.

Calvin: *[Falando devagar, com voz sonolenta.]* Estamos pescando. Acabamos de voltar do elevador de grãos. Sentamos. Estamos aqui faz só alguns minutos. Charlie e eu estávamos pescando, ele à minha direita. Ouvimos um barulho. Olhei para cima. Charlie também está olhando. Viramos. Vemos umas luzes azuis. Duas luzes azuis. Primeiro, era um azul fosco. Charlie está se levantando. Também me levantei. As luzes azuis pareciam de um carro-patrulha, mas de repente ficaram muito mais brilhantes. Há uma abertura, e por ela saíram uns seres.

Pela fala inicial de Calvin, parece que sua regressão hipnótica não é tão "pura" quanto a de Charlie. É condensada e se foca em alguns detalhes da experiência, como que a resumindo. Também a linguagem é diferente. Calvin usa uma mistura de verbos no passado e no presente, o que sugere que está testemunhando parte da experiência, mas não "revivendo" tudo. Talvez seja porque John Kraus sugeriu que ele apenas "veria tudo, como num filme", como se acontecesse com outra pessoa. Como Kraus sabia a respeito o colapso nervoso de Calvin, deve ter feito isso deliberadamente, para que ele não sofresse sem necessidade.

Kraus: Você consegue vê-los. Não tenha medo deles.

Calvin: Só vejo um agora. Está de pé, na abertura. Eles começam a sair: dois deles e agora vem mais um. Dois se aproximam de Charlie. Eles o pegaram. Estão levando Charlie para dentro daquilo. Um deles vem em minha direção. Não consigo me mover. Fico de pé, parado. Quero correr, mas não posso. Ele está chegando.

Kraus: O que ele está fazendo? Não tenha medo, estou com você.

Calvin: Só se aproxima. Não disse nada. Eles chegam agora e um deles segura meu braço. Estão me levando para bordo daquilo, com Charlie.

Enquanto Calvin prossegue com a narrativa, sua regressão adquire cada vez mais o caráter de "reviver" a experiência, como no relato de Charlie. Suas palavras mudam do tempo passado para o presente.

Kraus: O que está acontecendo agora? Não tenha medo.

Calvin: Vejo pontos pretos. Lembro-me de uma luz forte, muito brilhante. De repente, não vejo nada.

Kraus: Onde está o ser?

Calvin: Não o vejo.

Kraus: Ele segura você?

Calvin: Sim, me segura.

Kraus: O que está acontecendo?

Calvin: Lembro-me de passar pela porta – a abertura. Depois, tudo fica muito escuro.

A comparação das descrições de Charlie e Calvin do contato inicial, sob hipnose, revela que, em essência, corroboram-se mutuamente quanto a detalhes como: a nave com luzes azuis, som quando a notaram pela primeira vez, uma abertura que aparece na nave e três criaturas flutuando por ela. Comparemos esses detalhes com as palavras de Charlie na noite da abdução, transcrito da fita secreta do xerife:

Assistente: Comece do princípio.

Charlie: Essa é a terceira vez.

Assistente: É o que queremos.

Charlie: Estávamos pescando e, não sei como, acho que vimos a coisa ao mesmo tempo. Uma luz azul se movendo em círculos um pouco. Só uma luz azul, Jesus Cristo! Só circulando. Parecia que a luz ia descer no pântano, a cerca de um metro de nós, acima do solo. Mal pude acreditar. E havia um zunido *[imita o som]*, assim. Apareceu uma abertura e três criaturas saíram por ela, flutuando.

Voltando à narrativa do livro de Mendez:"Calvin foi interrogado separadamente, sem Charlie. Infelizmente, aquela sessão não foi gravada. Entretanto, o depoimento de Charlie contém a mesma descrição que comentamos acima: a luz azul circulando, que para Charlie lembrava as luzes giratórias de um carro de polícia; a nave pairando rente ao solo; o zumbido; a estranha abertura; e as três figuras flutuando para fora da nave. No dia seguinte à abdução, quando Charlie e Calvin foram levados à base da Força Aérea em Keesler para um exame de contaminação radioativa, eles solicitaram uma audiência com os oficiais em serviço na base. A comparação das partes relevantes da conversa em Keesler com os relatos acima não revela nenhuma incoerência. As testemunhas contam a mesma história narrada no escritório do xerife e depois também sob hipnose".

Penso que fiz bem em incluir aqui as transcrições de nossas sessões. A hipnose está longe de ser um soro da verdade, pois a pessoa consegue omitir fatos. Mas nada tenho a esconder e, como disse William Mendez, nossa entrevista na base da Força Aérea em Keesler corroborou o vínhamos falando. Essa entrevista é reproduzida no capítulo seguinte.

***

Capítulo 8

Entrevista na base da Força Aérea em Keesler

Charlie e eu estávamos preocupados com a possibilidade de termos sido contaminados com radiação e solicitamos um exame. Nem o escritório do xerife nem o hospital local tinham condições de realizar tais testes, mas a base da Força Aérea em Keesler, nas proximidades, sim. Fomos examinados e não encontraram nenhum sinal de contaminação; em seguida, tivemos uma conversa com oficiais da base.

Penso realmente que as pessoas à nossa volta ficaram aliviadas ao saber que não estávamos contaminados. Seus rostos mostravam isso, pois haviam passado o dia inteiro conosco.

Quando começamos a falar com as pessoas sobre nosso "contato imediato", acho que todas tinham dúvida quando à veracidade da história. Mas com o passar dos dias, viram que nosso medo era real e, aos poucos, foram acreditando em nós. Depois, quando lhes disse que temia contaminar todo mundo à minha volta, ou com radiação ou alguma espécie de bactéria, e essas pessoas, por sua vez, poderiam contaminar suas famílias também, de repente todos queriam nos ajudar a realizar os exames para nos certificarmos, por sim ou por não. Admito que estava apavorado.

Vendo tudo em retrospectiva, creio que eles perceberam o erro em não nos colocar de quarentena, pois se tivéssemos sido expostos a algo perigoso, o problema já seria enorme, pois encontramo-nos com centenas de pessoas e a contaminação já estaria se alastrando.

É por isso que, em minha opinião, todos os indivíduos abduzidos deveriam passar pelo mesmo tipo de checagem. Quando entramos para a reunião, víamos no rosto daqueles militares a preocupação pelo erro cometido, mas graças a Deus, o perigo já fora descartado. Sentíamos a tensão na sala e a expressão no rosto de cada um ali é algo que ficou gravada em minha memória. De repente, levavam-nos a sério e logo começaram a nos cravejar de perguntas. Perguntas diretas e sem enrolação. Posteriormente, alguém me perguntou se havia uma conspiração para acobertar a conversa toda, e respondi que não, pois o envolvimento da imprensa já era muito grande. Creio que os presentes àquela reunião só queriam ouvir a história verdadeira diretamente da fonte, ou seja, de mim e Charles.

A entrevista correu bem e não houve pressão de ninguém na sala e, quanto a nós, ao menos um fardo fora removido, pois sabíamos que não contaminaríamos ninguém. Não entrarei em detalhes quanto ao que foi dito, pois incluo o texto completo no fim deste capítulo, sem cortes.* Apenas relatarei meus sentimentos, na ocasião. Começava a me cair a ficha do que nos acontecera. Eu não queria falar sobre o assunto, então mantive a versão de que desmaiara, que era mais confortável. Naquele momento em minha vida, já não me importava se alguém acreditaria ou não em minhas palavras – aliás, até hoje, não me importo, pois sei que digo a verdade e é isso que conta. Se um sujeito é sincero consigo mesmo, com sua família e com Deus, não faz diferença o que os outros pensam.

No caminho de volta para casa, Charlie me perguntou por que eu não falara mais. Disse-lhe que queria apenas voltar à minha vida normal e ao meu trabalho, minha rotina antes de todo aquele episódio. Antes de entrarmos na sala para a reunião, eu dissera a Charlie: "vamos manter a calma e quem sabe logo todo mundo esquecerá a história". Talvez isso acontecesse se Charlie não tivesse falado tanto do assunto, mas ele não ficava quieto, queria falar da abdução e todos o achavam corajoso. Após a visita à base da Força Aérea, então, ele não parava mais.

Ficamos na base por pouco mais de uma hora, mas parecia uma eternidade. Os militares nos liberaram depois da entrevista, sem nos dizer se acreditavam em nós ou não. Pela expressão em seus rostos, porém, creio que sim.

Segue a transcrição completa de nossa entrevista na base da Força Aérea em Keesler.

Como o leitor pode ver, anexei o transcrito inteiro no livro, de modo que ninguém poderá me acusar de subtrair qualquer parte. Quero agradecer a Mark Rodeghier do *J. Allen Hynek Center for UFO Studies [Centro de Estudos Ufológicos J. Allen Hynek]* por me fornecer o documento.

Sei que afirmei ter desmaiado, o que não é verdade, mas fiz isso porque Charlie e eu achamos que seria melhor. No fundo, sei que Charlie sentia que estava me protegendo. Em 1973, a diferença de idade entre nós era grande e Charlie e meu pai eram grandes amigos. Embora eu tenha crescido com os filhos dele, e fossemos amigos, Charlie sentia que cuidava de mim como seu filho também. Assim, mantive a versão do desmaio porque ambos sentíamos que era a melhor maneira de me poupar. Pensando bem, Charlie provavelmente deu muitas daquelas entrevistas para afastar os curiosos de mim, tentando ao mesmo tempo satisfazer a Imprensa e me proteger.

Enfim, quando saímos da base da Força Aérea, voltamos ao estaleiro para pegar o carro. Estava tudo muito silencioso, ninguém dizia coisa alguma, mas secretamente sentia-me aliviado pelo fim da comoção. Levei Charlie para casa, mas quase não conversamos no caminho, exceto por um leve bate-papo sobre não ir mais pescar por um bom tempo. Acho que Charlie sabia que eu não moraria mais com ele e foi ali que terminou, para nós. Depois de tudo o que se passou, só pensávamos em uma coisa: ir para casa.

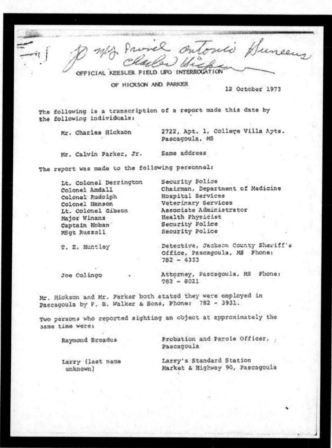

UFO 10-13

1º dia

PASCAGOULA, Miss. UPI

- Dois funcionários das docas alegam ter sido levados para dentro de uma espaçonave azul brilhante por criaturas com pele prateada e enrugada. O xerife _____ tem certeza de que alguma coisa realmente aconteceu com eles...

"São indivíduos confiáveis", _____ disse. "Não precisariam contar algo que não é verdade. Sei que alguma coisa aconteceu com eles..."

"Fiquei com muito medo e ainda estou abalado com aquilo...", disse um dos homens, _____ 42. "Nunca passei por nada parecido e espero não passar de novo..."

O episódio ocorreu por volta das 19h00, quinta-feira, enquanto _____ e _____, 19, pescavam num velho píer à margem oeste do Rio Pascagoula, perto daqui. Disseram que viram um objeto estranho se aproximando, vindo do céu e emitindo um brilho azulado, e em seguida foram levados para dentro da nave por três criaturas.

Interrogatório extenso

Ambos os homens passaram por um interrogatório extenso no escritório do xerife de Jackson County, mas hesitaram em conversar com jornalistas. Entretanto, concordaram com uma entrevista breve, filmada pela estação de TV de Biloxi, WLOX.

"De repente, ouvimos como que um zumbido", disse _____, "e vi o que parecia um flash de luz azul. Para mim, parecia azulado. Subitamente, parou..."

Ele disse que o objeto parecia "pairar..." alguns centímetros acima do solo e "uma extremidade abriu... e vi três coisas saindo. Pareciam flutuar sobre a água a alguns centímetros de altura...

"Quando percebi, já estavam em cima de mim, dois me seguraram pelos braços e imediatamente fui erguido do chão. Fiquei com muito medo. É difícil me lembrar exatamente do que aconteceu..."

A testemunha disse que foi levado ao "veículo", onde passou por um exame com "um tipo de instrumento... parecia um olho grande... que percorreu meu corpo inteiro".

Ele não foi ferido e "não tinha mais sensação nenhuma. Estava ali, indefeso..."

_____ desmaia

_____, que também trabalha no estaleiro local, disse que também foi levado para dentro da nave, mas desmaiou logo que as criaturas aparecerem e não se lembra do que aconteceu depois.

Os dois homens admitiram às autoridades que tomaram "uma bebida forte" depois de serem libertados, mas disseram que não tinham bebido antes. O a assistente do xerife _____ afirmou que eles não estavam embriagados.

[ilegível]

nave" foi descrita como tendo um formato de peixe, cerca de 0,9 metros quadrado, com um teto de 0,7. Os ocupantes tinham pele prateada/cinzenta, pálida, não tinham cabelos, mas sim orelhas e nariz longos e pontudos, uma abertura no lugar da boca e as mãos "pareciam garras de caranguejo".

Eram "muito enrugados e o único som que emitiam era uma espécie de zumbido".

Os dois homens não foram feridos, mas, por precaução, na sexta-feira foram levados a um hospital militar na Base da Força Aérea em Keesler para averiguar se tinham sido expostos a radiação.

12 de outubro de 1973

Segue uma transcrição de um relatório feito nesta data pelas seguintes pessoas:

Senhor Charles Hickson   2722, Apt. 1,
College Villa Apts.
                Pascagoula, MS

Senhor Calvin Parker Jr. mesmo endereço

O relatório foi feito para os seguintes indivíduos:

Tenente-coronel Derrington	Polícia de Segurança
Coronel Amdall	Presidente do Depto. de Medicina
Coronel Rudolph	Serviços Hospitalares
Coronel Hanson	Serviços Veterinários
Tenente-coronel Gibson	Médico da Saúde
Major Winans	Polícia de Segurança
MSgt Russell	Polícia de Segurança
T. E. Huntley	Detetive, Jackson County, escritório do xerife, Pascagoula, MS Telefone: 782-8021
Joe Colingo	Promotor, Pascagoula, MS Telefone: 782-8021

Os senhores Hickson e Parker afirmaram que tinham empregos em Pascagoula na empresa F. B. Walker & Sons, telefone: 782-3931.

Duas pessoas que relataram o avistamento de um objeto aproximadamente à mesma hora foram:

Raymond Broadus	Oficial de polícia, Pascagoula
Larry	Larry's Standard Station
	Market & Highway 90, Pascagoula

Tenente-coronel Derrington: Creio que o melhor é deixar que contem o que se lembram e, quanto aos detalhes, depois podem fornecer mais informações para esclarecimentos.

Charles Dickinson: Eu trabalho no estaleiro e quando cheguei que queria pescar, depois. A maré estava alta e não fomos de barco. Pensamos em descer - não sei se você conhece aquela área onde fica o elevador de grãos — na margem oeste do rio onde está o estaleiro. Pescamos lá por algum tempo, mas não tivemos sorte; então, disse a Calvin, que estava comigo, que devíamos subir um pouco o rio, em direção ao estaleiro. Já tinha pescado lá e adorava o local. Sentamo-nos na margem do rio com nossas linhas, quando, de repente, ouvimos um barulho. Bem, para mim, era um zumbido. Não sei por que me virei. Acho que para ver o que era. Havia uma luz azul — muito, muito forte. Podia ser púrpura ou algo assim. Para mim, pareceu azul, naquela hora. No momento em que vi a luz, parecia parada. Devia estar a uns 7-9 metros de distância de nós, e não sabia o que pensar daquilo. Fiquei muito assustado. Senti medo e sei que ele [Calvin Parker] também, pela aparência. O objeto parecia não ter exatamente uma porta. De repente, uma extremidade dele abriu. Três coisas saíram — e não tocavam o solo — flutuavam, sabe, devagar, a alguns centímetros do solo. Eu mal podia acreditar. Fiquei...

Derrington: Você disse que três coisas saíram do objeto. Como eram essas coisas?

Hickson; Naquela distância, eu não saberia dizer. Era bem onde estávamos.

Derrington: Qual era o tamanho do objeto que pairava?

Hickson: Não era redondo. Parecia oval e devia ter uns 2,5 m de altura. Quando eles se aproximaram de nós — um de cada lado dos meus braços — não senti nada quando me tocaram. E, para meu espanto, fui erguido do solo.

Derrington: Você foi erguido do solo?

Hickson: E fiquei com tanto medo que não prestei muita atenção ao que eles faziam com Calvin. E me levaram através... não sei o que era... De repente, estávamos dentro daquela coisa, sei lá o que era. E não senti que tocava em nada. Parecia que a sala toda brilhava. Não vi nenhum foco específico de luz – só um brilho geral. Não havia cadeiras nem nada assim. Também não vi nenhum instrumento, apesar de ter visto coisas que não sei explicar o que eram. Havia umas coisas lá.

Derrington: Que horas eram?

Hickson: Foi à noite.

Derrington: Sabe a hora?

Hickson: Bem, não sei exatamente a hora porque não uso relógio. Foi muito depois de escurecer.

Derrington: Muito depois?

Hickson: Sim. Não sei – parecia um olho – mas era uma coisa grande, como um globo. Movia-se à minha volta.

Derrington: Essa coisa, ou esse ser, que agarrou você. Tem uma ideia do que poderia ser?

Hickson: Sim, senhor. Tinha traços humanos, mas sem mãos. Tinha pinças, ou algo assim.

Derrington: Sabe dizer se parecia mais mecânico que humano?

Hickson: Não sei se parecia mais mecânico que humano. Eles eram muito pálidos, e me olhavam. Lembro-me bem de que estava pensando nos pés deles, não havia artelhos ou nada parecido. Eram quase redondos. Podia ser apenas uma pele apertada. E não vi roupas. Não sei se estava com muito medo, mas não vi cabelos nem nada. Um deles emitia um som. É difícil dizer que tipo de som, mas dos outros dois não ouvi nada. Dentro do veículo não ouvi nenhum som.

Derrington: Você mencionou antes o som produzido pelo objeto.

Hickson: Um zumbido.

Calvin Parker: Nós nos viramos e lá estava ele.

Detetive Huntley: Você disse que eles tinham olhos, boca e nariz.

Hickson: Sim, não sei se a gente pode chamar aquilo de nariz. Era uma coisa fixa no corpo e se projetando para fora, pontudo, entre os olhos. E me pareceu que havia uma abertura embaixo. E aquelas coisas nas laterais pareciam orelhas.

Parker: Quando me pegaram e carregaram na direção da nave, desmaiei, mas pareciam fantasmas, ali. Era como se passassem pela parede daquilo.

Hickson: Acho que não seria possível eu perder a consciência lá dentro. Acho que não perdi. Fiquei consciente o tempo todo.

Derrington: Quanto tempo ficaram dentro do objeto?

Hickson: Não sei quanto tempo ficamos lá. Não havia sensação de movimento nem nada. Não sei se nos movemos. Não sei. Quando tudo acabou, mal podíamos crer que acontecera e sabíamos que seria impossível convencer as pessoas do que vimos. Esperamos um pouco, fomos ao escritório do xerife e contamos a eles. Eu queria falar do caso, mas precisava me fortalecer. Queria informar os militares. Não queria publicidade nem a presença dos jornalistas, mas depois de pensar um pouco, achei que devia fazer o que fiz.

Derrington: Quanto tempo você acha que passou desde o início até o momento em que foram libertados?

Hickson: Ah, devia ser... é difícil dizer.

Derrington: Horas ou minutos?

Hickson: Uma hora e pouco. Deve ter sido isso, mas pareceu uma eternidade. Acho que estava consciente, mas não tinha nenhuma sensação ali. Não tinha capacidade de movimento.

Derrington: Como foi libertado?

Hickson: Eles me carregaram de volta para fora e me colocaram imediatamente no chão. Não senti nenhuma dor, estava normal. Então, o veículo sumiu.

Derrington: Nesse período de tempo, você se lembra de ter visto o senhor Parker?

Hickson: Não me lembro de tê-lo visto até eu sair.

Derrington: Não o viu dentro do objeto?

Hickson: Não, senhor, não vi. Não me lembro de tê-lo visto lá dentro. Como disse, eu estava morrendo de medo.

Derrington: Quando notou Calvin pela primeira vez?

Hickson: Quando eles me levaram de volta para fora e me puseram no chão, acho, foi quando o vi de novo. Estava histérico e parecia paralisado. Mas de repente, se recuperou.

Derrington para Parker: Antes de você desmaiar, lembra-se de ser içado até o veículo?

Parker: Lembro-me que me pegaram e foi como um ímã me puxando. Eu não estava mais no chão, e sim no ar. Não me lembro de mais nada. Apaguei. Estava de pé ali, como que congelado. Finalmente, consegui me mexer um pouco. Era como um pesadelo. Gostaria de fosse, assim já teria terminado. Não dormi mais que três segundos naquela noite.

Derrington: Lembra-se de como eles levaram você para fora de novo?

Parker: Não, senhor. Quando acordei, a nave fez "zzzp" e desapareceu.

Derrington: Vocês dois conversaram sobre o que tinha acontecido?

Parker: Eu desmaiei. Não me lembrava de nada.

Hickson: Conversamos sobre o que aconteceu comigo. Conversamos um pouco até resolvermos o que fazer. Fomos de carro até uma loja de conveniência e conversamos durante uma hora até decidirmos ir ao escritório do xerife.

Derrington: O que vocês comeram antes de sair para a pescaria?

Hickson: Jantamos. Minha mulher tinha feito bife, arroz, molho, alguns legumes, e tomamos chá gelado.

Derrington: O que beberam? Chá gelado?

Hickson: Sim, senhor. Chá gelado.

Derrington: Não beberam mais nada no jantar nem quando estavam pescando?

Hickson: Não, senhor. Talvez uma xícara de café. Geralmente, bebo um café depois do jantar. Acho que nem isso tomei, naquela noite.

Derrington: Vocês beberam algo em algum lugar em que alguém pudesse ter posto alguma coisa na bebida?

Hickson: Não, senhor, porque não paramos em nenhum lugar. Eu tinha camarão congelado no isopor que levamos. Não paramos em nenhum lugar e fomos direto para o rio.

Derrington: Como é o relacionamento entre vocês dois?

Hickson: Ele é meu amigo. O pai dele e eu somos grandes amigos há muito tempo, quase como irmãos, e já faz algumas semanas que ele está trabalhando no mesmo lugar que eu.

Derrington: Já pescaram juntos antes?

Hickson: Acho que uma vez, desde que ele chegou aqui, mas quando ele era criança pescávamos muito, com o pai dele.

Derrington: Você ouviu algum outro som além daquele zumbido que mencionou?

Hickson: O único som que ouvi foi uma daquelas criaturas fazendo um barulho. Não pude distinguir nem entender.

Parker: Era apenas um "mmm".

Derrington: Alguma poeira ou...

Hickson: Não, senhor, não vi nenhuma poeira nem nada.

Parker: Não sei explicar. Estava tudo quieto e, de repente, ouviu um zzzzp, assim. E olhei em volta e vi aquelas luzes azuis chegando. Fiquei paralisado ali mesmo. É como se você entrasse no mato e pisasse numa cascavel. Foi assim que me senti. Antes fosse uma cascavel.

Derrington: Alguma grama ou árvore por perto que possa ter sido afetada por aquilo?

Hickson: A grama lá é curta. Mas onde aconteceu, não havia nada que pudesse ser afetado. Nenhuma grama alta.

Derrington: Nem depressões na área, depois da ocorrência?

Hickson: Não, senhor.

Parker: Outra coisa. A nave – não pousou no solo exatamente. Ficou pairando a uns 60 cm dele.

Hickson: Pairava acima do solo.

Parker: Pois é, não tocou o chão.

Derrington: Vocês não viram nada como ar, que afetaria a...

Hickson: Não vi. Isso também não consigo entender. Não entendo nada do que aconteceu, mas uma coisa assim, menos ainda.

Derrington: Não havia escapamento, nada assim?

Hickson: Não vi. Se havia, não vi. Mas como eu disse, estava muito assustado.

Derrington: Você não percebeu alguma tentativa de se comunicarem com vocês?

Hickson: Só se... Acho que eles não tentaram se comunicar conosco. Acho... não sei.. talvez se comunicassem entre si, mas não ouvi nada.

Parker: Não parecia que queriam nos fazer mal.

Hickson: Não me fizeram mal algum, disso eu sei.

Parker: Fisicamente estou mal agora, sabe. Bem, não fisicamente, mas mentalmente, parece que vou me despedaçar.

Derrington: E quanto à curiosidade? Eles pareciam curiosos com algum objeto?

Hickson: Tive a impressão de que eles sabiam o que estavam fazendo, mas estavam... Não tenho certeza, mas estavam tentando descobrir alguma coisa sobre nós porque... O que fizeram comigo, na verdade não sei o que estavam fazendo. Mas pareciam saber muito bem o que queriam.

Parker: E não sei o que aconteceu comigo.

Derrington: A que distância ficava a casa mais próxima?

Hickson: Não há nenhuma construção perto do velho estaleiro. Não é muito longe, mas não há nenhum comércio lá nem telefone. Não há nada nas redondezas.

Parker: Só a ponte. Fica bem acima.

Hickson: Sabe, a ponte elevadiça. Não há comércio nem residência por ali.

Derrington: Você viu mais alguém pescando na mesma área?

Hickson: Não percebi ninguém.

Parker: Podia haver.

Hickson: Sim, podia. Não sei. Mas como eu disse, estava com tanto medo, que não sei. Simplesmente não sei.

Derrington: Essa é a primeira experiência dessa natureza que vocês tiveram?

Hickson: Sim, senhor. Para mim, foi a primeira experiência desse tipo.

Derrington: Antes, você tinha lido ou ouvido falar de objetos voadores não identificados?

Hickson: Ah, sim. Li e ouvi falar. Sim, senhor.

Parker: Não faz muito tempo, quanto tempo mesmo? Lá no condomínio?

Hickson. É. Não faz muito tempo, em Gautier, apareceu um.

Parker: E houve umas 13, 14 testemunhas.

Hickson: Umas doze famílias observaram.

Derrington: Mas essa foi a primeira vez que vocês viram uma coisa assim?

Hickson: Assim, foi a primeira vez, sim, senhor.

Derrington: Você nunca viu nada antes, a certa distância, que achou que...

Hickson: Algum tempo atrás, umas 12 famílias saíram para ver o que podia ser um objeto voador. Não sei se era ou não.

Derrington: Mas vocês também viram?

Parker: Sim, senhor. Mais umas 13 pessoas viram.

Hickson: Mas o que todos estavam olhando era um brilho. Era uma coisa vermelha e muito brilhante. Podia ser uma luz do píer, acho. Algo assim. Mas nunca tive outra experiência nem próxima do que aconteceu conosco.

Derrington: Agora, vamos retomar a descrição do objeto. Você disse que tinha uns 2,5 m de diâmetro e mais ou menos...

Hickson: Estou chutando. Eu diria que não era muito grande. Não caberia muita coisa lá dentro.

Derrington: Não havia nenhum apêndice, nada semelhante a uma asa de avião?

Hickson; Não, senhor. Não vi nada disso.

Parker: Eu posso fazer um desenho da nave por fora. Só por fora, porque por dentro, não sei.

Hickson: Não era redonda, era mais ou menos oblonga, ou algo assim. Não era completamente redonda.

Derrington: Você ouviu algum som de motor?

Hickson: Nada parecido, só aquele zumbido que ouvi.

Derrington: Zumbia o tempo todo ou só quando se movia?

Hickson: Não, senhor. Quando se movia. Dentro, não ouvi nenhum som do veículo ou qualquer outro. Não ouvi som algum enquanto estava lá dentro.

Derrington: E qual era a altura dessa coisas?

Hickson: Bem, é difícil falar de tudo isso. Devia ser alto suficiente para passarmos pela abertura sem tocar nada.

Derrington: Eu quis dizer a altura dos seres.

Hickson: Acho que mais ou menos 1,50 metros, algo assim.

Parker: Claro que como eles não tocavam o chão, pareciam mais altos que nós. Sabe, do jeito que só flutuavam.

Hickson: Quando a gente está com medo, é difícil dar uma boa descrição das coisas.

Derrington: Vocês disseram que eles se moviam. Moviam as pernas ou...?

Parker: Flutuavam.

Hickson: Como que voando.

Parker: Como se não existisse gravidade.

Hickson: Não vi nenhum movimento das pernas, mas sei que moviam o que pareciam ser braços. Acho que eram braços porque se mexiam quando me levantavam.

Parker: E parecia garra de caranguejo.

Derrington: Tinham alguma coisa como mochila ou algo assim nos braços?

Hickson: Não vi nada disso. Eram só eles.

Derrington: Só a estrutura física e sem roupa, ou com alguma vestimenta muito apertada?

Hickson: Sim.

Derrington: As criaturas tinham dois braços e duas pernas?

Hickson: Sim, senhor, me pareceu que sim.

Parker: Mas não eram como os nossos braços e pernas. Tinham o mesmo jeito básico de um braço e uma perna, mas fisicamente não pareciam iguais.

Huntley: Creio que vocês disseram que pareciam garras.

Parker: Sim, senhor.

Hickson: O sujeito tinha garras. Não tinha dedos como os nossos.

Derrington: Quando vocês recuperaram a consciência e começaram a falar do incidente? Notaram alguma diferença nas coisas que observaram?

Hickson: Bem, a primeira coisa que aconteceu foi que estávamos tão apavorados que nem conseguimos falar, por algum tempo. E eu disse a Calvin o que fizeram comigo, mas ele não se lembrava de nada. Disse que não se lembrava do que tinham feito com ele. E achávamos melhor não contar a ninguém porque ninguém acreditaria numa coisa daquelas. Mas depois fui ao escritório do xerife e lhe disse que queria informar as autoridades militares, mas não queria publicidade, nada assim. Não queria isso, mas achava que os militares tinham que saber.

Derrington: Ao conversar com alguém, antes, sobre objetos voadores não identificados, você já ouviu alguém descrever uma experiência semelhante à de vocês?

Hickson: Não, senhor.

Coronel Amdall: Você se sentia bem? Antes de tudo isso, antes de ir pescar, você estava normal?

Hickson: Ah, sim, senhor. Normal. Pelo que sei, minha saúde está perfeita. Trabalho no estaleiro e pelo que sei, não tinha nenhum problema físico ou mental quando saí para pescar. Saí do trabalho, jantei em casa e saí para a pescaria.

Parker: Sabe, queríamos nos distrair; então, fomos pescar. E ele disse: "A maré não está boa" e eu disse: "Por que não vamos, mesmo assim, pra tentar?".

Derrington: Como foi a pescaria? Vocês se lembram de ter pescado?

Hickson: Ah sim, eu me lembro. Estávamos concentrados lá, perto do elevador de grãos, e pegamos alguns, mas os peixes não vinham. E eu adoro pescar. Todo mundo na região sabe disso. E quando não estou no trabalho nem fazendo outra coisa, estou lá, mergulhando o anzol.

Huntley: Eles não sabem o que aconteceu com a vara e o carretel.

Hickson: Não ficamos muito tempo lá, depois do que aconteceu.

Derrington: Havia janelas na nave?

Hickson: Não vi, de dentro dela. Não sei.

Derrington: Nenhum ruído, você se lembra?

Parker: Só aquele zumbido. Não era um som alto, só um "zzzp" e depois ela sumiu.

Derrington: Subiu em linha reta?

Parker: Não, senhor. Simplesmente desapareceu... "zzzp" e desapareceu.

Hickson: E realmente não sei como ela chegou lá.

Major Winans: Parecia de plástico, ou transparente, ou era de algum material sólido?

Hickson: Ela tinha um brilho, mas não sei dizer se era sólida ou transparente. Não posso dar detalhes porque realmente não sei.

Winans: O brilho vinha de dentro ou de fora?

Hickson: Era um brilho azulado no lado de fora e, por dentro, parecia apenas uma luz.

Winans: Como esta sala, com uma cor fluorescente? A mesma cor?

Hickson: Sim, só que não havia lâmpadas nem globos, nada.

Winans: Você sentiu a mesma temperatura, ou sentiu calor?

Hickson: Não tive sensação nenhuma. Não sentia nada.

Amdall: Você sentia que podia se mexer?

Hickson: Não podia me mexer.

Derrington: O que aconteceu enquanto você estava dentro da nave?

Hickson: Bem, como eu disse antes, eles tinham uma coisa. Repito que parecia um olho. Sei que não era, mas circulava à minha volta. E eles me moviam como bem entendiam, me deitavam de costas ou de lado.

Derrington: Esse olho que estava embaixo de você: você foi observado constantemente dentro da nave?

Hickson: Sim. Digo que parecia um olho. Não literalmente. Bem, quando uma coisa fica observando a gente daquele jeito, a impressão é de que é um olho. Não parecia uma câmera ou algo do gênero.

Huntley: E eles o estenderam, acho que você disse isso, não disse?

Hickson: Em determinado momento, sim, senhor.

Huntley: Você disse que eles passaram uma luz por cima de você – para a frente e para trás, pelo corpo todo?

Hickson: Aquela coisa percorreu meu corpo todo e à minha volta.

Derrington: Ela se movia sozinha?

Hickson: Sozinha, pelo que me lembro. Estava com tanto medo que nem sei se perdi a consciência. Acho que não. Acho que fiquei consciente o tempo todo. É, creio que sim.

Winans: O projetor tinha algum tipo de braço?

Hickson: Não sei. Parecia não estar ligado a nada. Talvez estivesse, não sei.

Derrington: Quando vocês voltaram a si, para onde foram primeiro? Quero dizer, depois que saíram da área?

Hickson: Atravessamos. Moramos em Gautier. Paramos perto do Li'l General Curb Makert e conversamos sobre o episódio, por um bom tempo.

Derrington: A que horas foi isso?

Hickson: Devia ser por volta das 22h00 ou 23h00, por aí.

Huntley: Eles chegaram ao escritório do xerife, creio, às 23h18.

Hickson: E conversamos, acho, durante uma hora. Eu ainda não tinha certeza do que fazer porque ninguém acreditaria naquilo. Então, disse ao xerife que deveriam notificar as autoridades competentes. Não sei como conseguimos contar. Não consegui dormir, depois. Fiquei acordado a noite toda. Não consegui descansar. Hoje de manhã, tentei ficar normal e ir para o trabalho. Não queria que vazasse, mas de repente, todo mundo começou a me telefonar de toda parte da Costa do Golfo e até de Jackson. Não sei como vazou assim.

Parker: Fui trabalhar hoje de manhã, mas estava mal quando cheguei. E fiquei até enjoado.

Hickson: Ele não conseguiu trabalhar.

Derrington: Ficou enjoado hoje de manhã quando voltou ao trabalho?

Parker: Sim, senhor. Estava nervoso e tenso, com o estômago embrulhado e não conseguia fazer nada. Todo mundo me perguntava o que eu tinha, mas não disse. Por fim, fui me sentar no escritório.

Coronel Hanson: Acha que isso foi por causa de toda a tensão?

Parker: Sim, senhor. Sei que foi, só pode. Ontem à noite, acho que não dormi nem uns três segundos. Esperava acordar hoje de manhã e descobrir que foi só um sonho.

Amdall: Vocês tomam algum remédio ou outra droga?

Hickson: Não, senhor.

Parker: Não, senhor. Nada.

Derrington: Álcool?

Parker: Eu não bebo.

Hickson: Às vezes, eu tomo um drinque e depois do que aconteceu ontem à noite, quando saí do escritório do xerife, fui para casa e tomei um para relaxar, mas não adiantou. Às vezes, bebo um pouco, sim.

Derrington: Mas não bebeu nada antes do que aconteceu?

Hickson: Não, senhor.

Winans: De onde surgiu aquela marca na ponta de seu dedo mínimo?

Hickson: É uma bolha, senhor, do aço quente. Não, não tem relação com o evento.

Huntley: <u>Calvin tinha uns arranhões pequenos no braço direito. Quando ele mencionou as tais garras e eu notei as marcas, ele disse que o ser o agarrou pelos</u>

dois braços. Vi, então, que os dois estavam arranhados.

Hickson: Em mim, não vi nenhum arranhão. Não vi, aliás, marca nenhuma em meu corpo.

Parker: Não senti o toque. Não dava para sentir nada. É um milagre eu ter saído dessa sem me machucar.

Promotor Colingo: Posso afirmar o seguinte. Não esse caso específico, mas, ao mesmo tempo, esse objeto foi avistado por outras testemunhas importantes, na verdade, policiais. Um deles é Broadus. Ele relatou a história novamente hoje de manhã na delegacia próxima da rodovia, nas redondezas de onde estavam. Dá pra ver o local da rodovia, exatamente do outro lado da ponte. Viram o objeto durante três minutos. E os horários batem.

Huntley; E as descrições e tudo o mais. Até descreveram as luzes azuis e o resto.

Hanson: Era uma luz azul escura ou azul clara?

Hickson: Era só um brilho... Não sei.

Coronel Rudolph: Eles tiveram a oportunidade de ouvir a fita antes de relatar isso?

Huntley: Sim.

Colingo: Ah, sim, eles ouviram agora. Você está perguntando se eles sabiam?

Huntley: Sim. A fita. Eu peguei a fita, ou eles pegaram, ontem à noite. Toquei de novo...

Rudolph: Antes de eles darem o depoimento?

Colingo: Broadus relatou seu avistamento e, depois, esses homens...?

Huntley: Não me lembro agora. Preciso verificar com o chefe. Mas sei que eles ouviram a fita que pegamos ontem à noite – ou que eles pegaram.

Rudolph: E isso foi depois de eles chegarem para contar o que aconteceu?

Huntley: Sim. E aí, então, disseram isto: "Bem, é engraçado, porque vimos a mesma coisa. Vimos uma luz azul". Na verdade, o senhor Broadus é cristão e disse que tinha ido a Gautier, em alguma igreja.

Colingo: Se o senhor Broadus diz que viu, então, é porque viu. Quero dizer, ele é homem sério. Agora, esse outro sujeito, não sei de quem vocês estão falando.

Huntley: Kiminsky.

Colingo: O que ele fez? Ligou para a delegacia ontem à noite, ou para alguém? Relatou ter avistado um objeto? Ou o quê?

Huntley: Não, agora você está falando de Larry. É o dono da loja de conveniência. É evidente – o chefe me passou isso hoje de manhã – que Larry viu a mesma coisa. Disse que saiu para a varanda, olhou para o céu e...

Colingo: E não tinha relação com esse caso? Ele também relatou ao xerife?

Huntley: Isso.

Rudolph: Foi isso que perguntei. O incidente que esses homens relataram...

Huntley: É isso mesmo. Não tinham relação, pelo que sei.

Winans: Vocês sentiram algum cheiro, odores, enquanto tudo acontecia?

Hickson: Não percebi nada assim. Não que me lembre.

Parker: Mas a coisa estava lá. E vai voltar.

O local exato dos homens foi descrito desta forma: seguindo para o leste, na margem oeste do Rio Pascagoula, bem no lado sul da rodovia, quando se está próximo da ponte retrátil, em direção a Pascagoula, na propriedade do velho estaleiro.

O detetive Huntley e o senhor Colingo solicitaram cópias desta transcrição.

Senhor Colingo: A principal preocupação deles era que antes de falar com a imprensa, queriam relatar o caso às autoridades governamentais. Tivemos contato com o escritório do xerife hoje pela manhã. Ele queria que os dois fossem ao hospital por precaução, para verificar se havia radiação. Assim o fizemos, mas como o hospital não possuía o equipamento apropriado, viemos aqui. E além disso, eles queriam informar também os militares.

***

Charles Hickson e Calvin Parker em 1973

Estaleiro Ingall

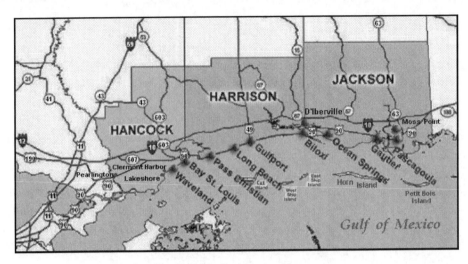

Mapa da área local

Cais onde Hickson e Parker estavam pescando

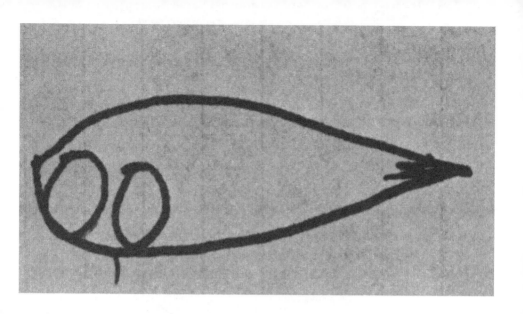

OVNI desenhado por Calvin Parker em 1973

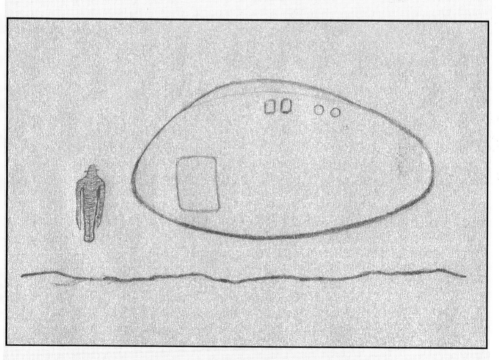

OVNI e entidade desenhada por Charles Hickson

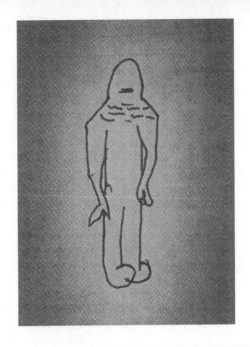

Esboço inicial da entidade por Calvin Parker

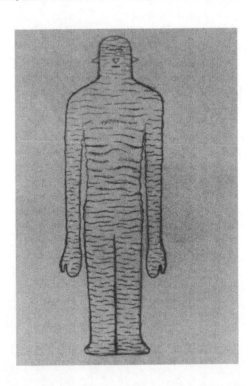

Esboço da entidade baseado na descrição de Charles Hickson

Calvin Parker em 1973

Charles Hickson em 1973

Charlies Hickson no local do encontro

Charles Hickson sob hipnose na década de 1980

Calvin Parker em 1973

Charles Hickson e Calvin Parker em 1973

Charles Hickson com desenho do interior do OVNI

Um angustiado Charles Hickson

Testemunha de OVNI de 1973, Larry Booth

Dr. James Hardewr e Dr. J. Allen Hynek

Xerife Fred Diamond

Deputado Glenn Ryder

Calvin Parker, Debbie Jordan e Budd Hopkins em 1993

Fita de hipnose de Budd Hopkins em 1993

Arte de pouso de OVNI por Mark Randall

Impressão artística do sequestro por Jason Gleaves

Impressão artística de Calvin Parker dentro do OVNI por Jason Gleaves

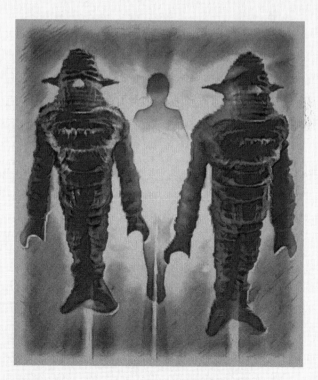

Impressão artística das criaturas alienígenas por Jason Gleaves

Capítulo 9

Na sequência

Finalmente ia para casa e mal podia esperar para chegar lá. Embora o estaleiro FB Walker fosse uma empresa ótima para a gente trabalhar, nada é melhor que o nosso lar, e eu já estava decidido a ir embora. Mas sentia, por algum motivo, que não deveria. Haviam acertado minhas contas e até pagaram duas semanas extras. Pensei, então, em devolver esse dinheiro extra. Telefonei para perguntar como podia fazer essa transação, mas eles não queriam. Simplesmente rasguei o cheque, achando que seria mais fácil.

Aquele fora um dos piores e mais apavorantes períodos de minha vida. Não tenho dúvida disso. Não me deixo abalar por qualquer coisa, mas aquilo escapava de meu controle e era o que mais me incomodava – o fato de não ter controle sobre os eventos.

A viagem até Laurel, Mississipi foi longa, embora tenha levado menos tempo que o normal. Ao entrar na cidade, fui direto à casa de meu pai, mas ele não estava. Decidi, então, tomar um banho, trocar de roupa e me encontrar com minha noiva. Nosso plano original era nos casarmos em novembro, mas eu não tinha certeza se faríamos isso realmente, pois ela só tinha 16 anos e precisava da autorização dos pais. Além do mais, temi que eles me julgassem um doido ou algo parecido. Enquanto dirigia à casa deles, fui pensando em como a vida inteira de uma pessoa pode mudar em poucos minutos e, às vezes, a mudança não é para melhor.

Quando cheguei, havia ali uma pessoa do *Laurel Reader*, um jornal local, esperando por mim. Até então, apenas Charlie havia concedido entrevistas à Imprensa. Lembro-me de que quando saí do litoral, alguém da Mississipi Press se aproximou de mim e fotografou-me. Coloquei o dedo na cara dele e mandei sumir da minha frente. E a tal foto foi estampada em todo lugar. Eu usava uma camiseta branca e apontava, com raiva, para o fotógrafo. Não há como fugir quando a Imprensa resolve partir em uma caçada. Pensei com meus botões que talvez fosse bom dar logo uma entrevista e acabar com a amolação, assim me esqueceriam e deixariam em paz. Por outro lado, ponderei, enquanto Charlie viver, parece que não será esquecido, pois continua dando entrevistas. Acho que algumas pessoas são assim.

Pedi o cartão de contato do repórter e prometi que lhe telefonaria dali a alguns dias. Queria conceder a entrevista porque me encontrava em minha cidade natal e desejava que todos soubessem que eu estava bem.

Por fim, consegui ver minha noiva, Waynett. Ela chorava e disse como era bom eu finalmente vir para casa, onde estaria em segurança. Como era bom abraçar Waynett, uma pessoa que eu amava e em quem confiava. Quando lhe perguntei como ela soubera do que aconteceu comigo e com Charlie, ela explicou que meu pai lhe contara e que a Imprensa já noticiava o caso. Queria saber como as pessoas tinham reagido, e perguntei aos familiares de Waynett. O pai dela trabalhava para o estaleiro *Ingalls* na época e, portanto, sabia o que estava acontecendo. Waynett me disse que com ela ninguém comentava muito o assunto; por isso, não tinha certeza da opinião das pessoas. O pai de Waynett disse que devia ser algo sério, uma vez que o doutor Hynek se dera ao trabalho de nos procurar e ele sabia que o cientista trabalhara para o projeto Blue Book da Força Aérea dos Estados Unidos.

Peguei Waynett por volta das 10h00. Fomos, então, visitar alguns amigos e parentes. Ninguém me perguntou o aconteceu. O motivo de não quererem saber me incomodava um pouco: a mídia dissera que eu não estava lidando bem com a abdução. As pessoas suponham que mais tarde eu me abriria para falar. Consegui encontrar meu pai e ele me perguntou como estava. Era muito estranho, porque ninguém citava o contato com o UFO.

Disse a Waynett que não voltaria para o litoral e ia tirar alguns dias de folga até procurar outro emprego. Isso a deixou muito feliz. Comecei a pensar que as coisas voltariam ao normal. Dali a pouco, porém, ligamos a televisão e Charlie estava no Canal 7: encontrava-se em Hattsburg, Mississipi, uma cidadezinha a uns 48 km de Laurel e Sandersville. Fiquei irritado, pois ele dissera que também não queria publicidade. Comecei a imaginar que talvez tivesse sido ele quem vazou a história para a Imprensa.

Fui de carro a Sandersville, mas Charlie já tinha partido de volta ao litoral.

Voltando a pensar em coisas mais importantes, achei que a publicidade se desgastaria em poucos dias e todos esqueceriam o caso. Levei Waynett para casa por volta das 22h00, lhe dei boa-noite e disse que voltaria dali a dois dias, pois no dia seguinte iria procurar emprego. Ainda ninguém me perguntava sobre o evento de 11 de outubro no Rio Pascagoula. O porquê disso me intrigava.

Na manhã seguinte, levantei por volta das 04h00, me vesti e fui de carro até o John's Restaurant & Bar. Era o local onde todos os trabalhadores dos campos de petróleo passavam a caminho do trabalho e de volta para casa, o lugar ideal onde a gente conseguia arrumar emprego na indústria petrolífera. Laurel é uma cidade pequena e todo mundo se conhece. Meu pai e todos os irmãos dele trabalhavam nesse ramo industrial, e todos me conheciam. Aliás, fui ao restaurante usando roupas e botas de trabalho. Eu era mesmo esse simplório. Sentei-me e pedi meu café da manhã, mas antes que começasse a comer, alguém me chamou e disse que precisava de uma mão naquele dia. Levantei-me e saí com o sujeito. Aquele se tornou meu primeiro dia de emprego com a Exarter Drilling. Havia cinco pessoas no carro que me levou ao local de trabalho, um percurso de uma hora. Conhecia todos no carro e ninguém comentou sobre o que acontecera em Pascagoula. Também me calei.

Era um emprego de sete dias por semana, oito horas por dia e quando alguém solicitava um dia de folga, outro tinha de substitui-lo. Tentei trabalhar horas extras pelo menos cinco dias na semana, pois queria o dinheiro para as preparações do casamento, dali a um mês. Quando você é jovem e gosta do que faz, é divertido ganhar um dinheiro extra. Estava indo muito bem no trabalho e não pensava no contato com o UFO.

Um dia, porém, o WDAM Channel Seven apareceu em meu trabalho, pedindo uma entrevista. Não sei como me encontraram, mas alguém devia ter espalhado a notícia. Embora eu estivesse ocupado, eles não aceitavam um 'não' como resposta. Meu chefe me mandou despachá-los ou ele me despacharia. Pedi que fossem embora, mas continuaram insistindo na entrevista. Por fim, consegui convencê-los. Liguei em seguida para a estação de TV, e o gerente me disse que os repórteres estavam apenas cumprindo o papel deles. Respondi que me deixassem em paz, sumissem, e disse que sabia que era o trabalho deles, mas que não tinha culpa do que me ocorrera e queria viver minha vida.

A pressão já ficava tão grande que cheguei a um ponto em que não aguentava mais. Foi quando comecei a pensar que os seres do UFO deviam ser demônios. Na verdade, não acreditava nisso, mas a pressão era demais. Quero deixar claro neste livro que não penso que eram demônios.

Enfim, se não eram demônios deviam ser extraterrestres. Sabia que minha experiência não fora de natureza demoníaca, mas achava que se dissesse isso aos repórteres, eles talvez desanimassem e me deixassem em paz. Logo percebi, no entanto, que precisaria me acostumar com a Imprensa me seguindo e que aquilo faria parte de minha vida por algum tempo. De repente, me veio um pensamento: os Estados Unidos ou até mesmo o mundo todo foram invadidos e, nesse caso, não posso culpar as pessoas por desejarem saber o que aconteceu.

Resolvi então dar uma chance à Imprensa e conceder entrevistas, de vez em quando. Afinal, queria saber se o mesmo tinha acontecido com outras pessoas. Preferia que descobrissem a verdade acerca da "invasão" por intermédio de outros, não de mim, mas Charlie e eu éramos os únicos que os repórteres conheciam.

No fim do expediente daquele dia, informaram-nos que a instalação onde trabalhávamos ficaria fechada por duas semanas.

Coincidentemente, quando cheguei em casa, disseram-me que Charlie tinha ligado. Telefonei-lhe e Charlie me perguntou se eu topava ir ao *talk show* de Michael Douglas com ele, todos estavam perguntando a meu respeito. Concordei em dar a entrevista, mas não tinha ideia de quem era Michael Douglas. Talvez as pessoas ficassem satisfeitas finalmente e me deixassem em paz. Charlie ligou para o programa de TV e me comprou uma passagem de avião para Chicago. Encontramo-nos no aeroporto de Jackson, Mississipi. Cumprimentamo-nos e conversamos sobre tudo menos a abdução.

Nas quatro horas de voo, também não abordamos o assunto. Quando chegamos, uma pessoa segurava um cartaz com nossos nomes. Seguimos o sujeito até uma limusine e ele nos conduziu ao Palmar House Motel, informando-nos que estaria no saguão às 09h00 para nos levar à estação. Explicou-nos que tinham aberto uma conta para nós e só precisaríamos nos apresentar na pousada e a estação de TV pagaria nossas despesas.

Por fim, Charlie rompeu o silêncio e perguntou se eu estava com fome. Disse que não, mas iria com ele ao restaurante. Ele pediu um bife e enquanto esperávamos, perguntei por que ele queria toda aquela publicidade, mas Charlie nunca me disse. Após a refeição, voltamos ao nosso quarto e Charlie ligou a televisão. Quanto a mim, fui deitar porque estava muito cansado. Surpreendentemente, dormi muito bem, pois nunca tivera um colchão tão confortável quanto aquele.

Acordamos por volta das 03h00, tomamos banho e descemos para tomar café. Pedi biscoito e molho de carne, mas eles não tinham. Mudei o pedido para um sanduíche de bacon, alface e tomate, mas também não tinham. Pedi, então, nuggets de queijo, mas a pessoa me perguntou: "O que é isso?" Percebi, enfim, que eles não tinham comida, de fato. Pedi um café, mas estava fraco demais. Charlie riu. Depois, disse-me que eu não precisaria dizer coisa alguma que não quisesse na entrevista. O motorista nos pegou no saguão e o seguimos até a limusine. Ele manobrou para o outro lado da estrada, desceu, abriu a porta do carro e disse: "Chegamos". Pensei: por que simplesmente não atravessamos a pé?

Respirei fundo e disse a mim mesmo que terminado tudo aquilo, estaríamos tranquilos. Entramos no prédio e fomos conduzidos até a sala de maquiagem. Falei que não queria aquele negócio em mim, mas me disseram que sem maquiagem meu rosto ia brilhar nas câmeras. Retruquei que de jeito nenhum eu ficaria parecido com uma *drag queen*. Enfim, só passaram maquiagem em Charlie.

Fomos levados ao que chamavam de sala verde. O problema, notei, é que a sala era azul. Para mim, eram todos doidos, mas fiquei quieto. Sentamos na sala verde até nos chamarem para o estúdio.

Michael Douglas nos apresentou e Charlie começou a contar nossa história. Em seguida, ele me fez algumas perguntas. Lembro-me de sentir um peso no estômago. Quase nunca assisto a televisão, que dizer de aparecer nela. Não me lembro do que me perguntou, mas tentei dar as melhores respostas possíveis. Terminado o programa, atravessei a pista e caminhei até a pousada. Charlie foi de limusine, mas cheguei uns 20 minutos antes. Como nosso voo seria dali a umas duas horas, fizemos as malas e Charlie ligou para o motorista, pedindo que nos levasse ao aeroporto. Ao chegarmos, Charlie me disse: "você precisa sair mais de casa". Olhei bem para ele e disse: "Seu batom está borrado". Charlie riu.

No voo para casa, Charlie me perguntou como eu estava lidando com tudo aquilo. Respondi que era difícil, pois a mídia não saía do meu pé. Chegando em casa, fui cuidar da horta, pois queria plantar os legumes para o inverno. Fiquei pensando na viagem e conclui que era feliz por ter nascido no Sul dos Estados Unidos. Nenhum lugar é melhor que a nossa casa. Lá, me sentia seguro.

***

Capítulo 10

Colapso

Está chegando à parte em que me caso. O casamento estava marcado para 09 de novembro de 1973, um mês após a abdução. Moro novamente em Laurel, Mississipi, de volta para casa. É difícil lidar com tudo o que está acontecendo. Parece que não tenho mais vida privada, todo mundo sabe de mim. Não gosto do modo como todos metem o bedelho em minha rotina. É como se minha vida fosse patrimônio público. Antes do contato com o UFO, eu vivia em paz – de repente, tudo mudou.

Não posso sequer ir às compras sem que façam um monte de perguntas. Entendo a curiosidade, mas preciso de um tempo para me recompor e ficar bem. Enfim, mas o estresse ainda é grande.

Certo dia, quando cheguei em casa depois do trabalho, tomei um banho e me deitei. De repente, não sei por quê, comecei a tremer descontroladamente e não conseguia parar. Permaneci deitado por mais ou menos uma hora, mas a tremedeira só piorou. Nunca sentira nada parecido. Meu irmão dormia no outro quarto, era a única pessoa em casa além de mim. Deve ter ouvido alguma coisa, pois se levantou por volta das 23h30 e foi me ver. Achei que tivesse apanhado algum vírus da abdução. Não associei a tremedeira ao estresse porque a mídia tinha parado de me perturbar, na época. Quando me viu daquele jeito, meu irmão ficou muito assustado, colocou-me no carro e me levou ao pronto-socorro em Laurel. No caminho, a tremedeira piorou. Meu irmão me ajudou a descer do carro e pediu ajuda no hospital. Eu nem conseguia andar direito.

Duas enfermeiras trouxeram uma cadeira de rodas e me levaram para dentro. Vieram então as perguntas costumeiras: meu nome, qual era o problema, se eu tinha bebido, que remédios tomava e outras assim. Levaram-me até um canto em vez de um quarto. Olhei ao redor do pronto-socorro e só devia haver umas duas ou três pessoas. Uma hora se passou e ninguém veio me ajudar.

Tinha a impressão de que estava piorando. Sentia agora muito frio e tremia tanto que nem podia falar direito. Meu irmão foi perguntar se ainda demoraria muito para me atenderem. Disseram que esperasse. Fiquei furioso e pedi que me levasse de volta para casa, mas ele se recusou. Pedi, então, que ele procurasse um casaco no carro, pois me sentia congelar. Na verdade, eu pretendia fazer um escândalo, mas sem meu irmão por perto porque não queria que se encrencasse por minha causa.

Assim que ele saiu, levantei-me, fulo da vida, e atirei a cadeira de rodas contra o guichê, reclamando do modo como me tratavam. Não demorou até os seguranças aparecerem e me forçarem a deitar no chão. Chegou um médico e eles lhe disseram que eu perdera o controle. O médico me examinou e me deu uma injeção que me fez sentir um pouco melhor. Expliquei-lhe o que acontecera e que já estava aguardando havia mais de duas horas, sem assistência nenhuma. O médico deu uma bronca daquelas em todo mundo e disse que eu estava mal e que jamais poderiam deixar uma pessoa esperando tanto tempo, naquelas condições. Minha pressão arterial estava 20 por 10 e o batimento cardíaco 160 bpm. O médico pediu um ECG. Aplicou-me mais duas injeções e fez algumas perguntas, como, por exemplo, se eu tinha sofrido algum estresse recentemente. Minhas respostas foram as mais sinceras possíveis. O médico me mandou ficar hospitalizado por um ou dois dias, para observação. Expliquei que não podia porque precisava trabalhar, mas que se tivesse problemas novamente, voltaria.

O doutor me informou que não seria uma boa ideia, pois eu tivera um colapso nervoso e se não fosse tratado, pioraria. Recomendou um especialista, deu-me uma receita e me mandou procurar o outro médico já no dia seguinte. Quando saí do pronto-socorro, joguei a receita no lixo, crente que poderia lidar com aquilo sozinho.

Hoje sei que agi errado e devia ter seguido as ordens médicas. O doutor que me atendeu disse que o estresse abalara minhas emoções e que poderia piorar a um ponto incontrolável. O ECG só mostrou normalidade, mas o estresse era impossível de controlar. Meu irmão me levou para casa e, quando chegamos, toda a minha família estava lá. Pedi-lhe que não mencionasse o que acontecera, mas claro que ele não me ouviu e contou a todos. Disse a nossos pais o que se passou e falou da recomendação do médico. Os dois concordaram com o médico e disseram que eu precisava encontrar um meio de lidar com todo aquele estresse. Senti, naquele momento, que se não conseguisse controlar minhas emoções, acabaria realmente hospitalizado.

Minha família contou a Waynett sobre minha ida ao hospital e ela tentou, de todas as maneiras, me ajudar a aliviar o estresse. Às vezes, só por ela se sentar ao meu lado e conversar, já me sentia melhor. Waynett e eu sempre fomos capazes de conversar sobre qualquer coisa, naquela época e até hoje. Se temos um problema, falamos dele, por pior que seja, e nossa sinceridade é o que nos ajuda. Não guardamos segredos um do outro e é muito bom ter um relacionamento assim, uma vez que neste mundo é tão difícil você ser sincero. Sempre falamos a verdade e não há assunto que não possamos discutir.

Bem, enfim, depois do episódio no hospital, sentei-me com ela, falei de meus sentimentos em relação a tudo, e ela fez o mesmo. Com isso, o casamento entrou nos trilhos, pois se não tivéssemos conversado, ele nunca teria acontecido.

De certa forma, superamos minha doença nervosa e aceitei-a. Ainda me perguntava: "por que eu?". Em 2018 ainda tento compreender, mas Deus tem um propósito para tudo e não questiono mais os porquês Dele.

Conforme planejado, casamo-nos em 09 de novembro de 1973. Foi uma cerimônia simples na igreja, só para as famílias e alguns amigos. Os avós de Waynett possuíam uma casa grande em Laurel, perto do meu local de trabalho, que estava vazia. Passamos a noite de núpcias lá. Foi um momento fantástico, nossa primeira noite juntos. Disse a Waynett que teríamos nossa lua de mel mais tarde. Esse "mais tarde" ainda não chegou e pretendemos tê-la um dia.

Decidi reunir a maior parte da família e falar com eles sobre a abdução e como me afetara. Assim, no dia seguinte, após o trabalho, nós, meus pais e os pais de Waynett nos encontramos em nossa casa para jantar. Contei-lhes sobre o que acontecera comigo e com Charlie e falei de meu colapso nervoso. Nossas famílias não falaram muito, pois compreendiam o que eu havia passado. Mas pelo menos agora todos sabiam e aquilo me tirara um peso dos ombros.

***

Capítulo 11

Outras testemunhas

Embora ninguém procurasse diretamente a mim ou Charlie após o destaque de nossa experiência na Imprensa, era perfeitamente possível que houvesse outras testemunhas do evento em 1973. Não tenho muito conhecimento acerca do fenômeno UFO, mas ouvi dizer que naquele ano houve uma grande incidência de avistamentos nos Estados Unidos.

Charles Hickson e seu coautor William Mendez encontraram ao menos uma testemunha de um avistamento ufológico no mesmo dia de nossa abdução: Larry Booth. O caso é contado no livro deles, *UFO Contact at Pascagoula*, e obtive a permissão da editora para reproduzi-lo aqui.

Além dessa testemunha, meu editor Philip Mantel, também ufólogo no Reino Unido, soube de um incidente ocorrido um dia antes. Tenho a autorização de Philip para reproduzir a história neste livro. E por fim, há o depoimento de um oficial da reserva da Marinha dos Estados Unidos, que viu algo na mesma noite que nós: 11 de outubro de 1973.

O avistamento de Booth
Pascagoula, 11 de outubro de 1973

A abdução de Hickson e Parker não foi o único incidente ufológico ocorrido na noite de 11 de outubro de 1973. Um dos avistamentos mais impressionantes foi o de Larry Booth, proprietário de um posto de combustíveis em Pascagoula. O senhor Booth, 48 anos, veterano da Segunda Guerra Mundial, foi entrevistado em agosto de 1974 em sua casa em Pascagoula. Segue uma reprodução editada da gravação da entrevista.

Larry Booth: "Bem, aconteceu assim. Eu assistia à série *Kung Fu* na televisão, que começa às 20h00. Quando acabou, às 21h00, fui verificar se a porta da frente estava trancada – um velho hábito meu – antes de ir para a cama. Antes, apaguei todas as luzes e caminhei até a porta para desligar a luz de fora também. Por acaso, espiei pela janela grande e vi um objeto que devia estar entre um metro e meio a 2,5 m acima do poste telefônico e também do poste de luz.

O objeto não se movia. Mas tinha luzes ao seu redor e todas se mexiam em sentido horário. Eram todas vermelhas e de nenhuma outra cor. Não havia asas nem cauda, nem qualquer outra forma. Era simplesmente um objeto enorme. Para comparar, eu diria que parecia um pouco maior que um helicóptero. Na verdade, bem maior.

O que mais se destacava eram mesmo as luzes em volta dele: muitas e próximas entre si. Pareciam estar circulando, porém, mas lentamente que as luzes de uma ambulância. Quando aquela coisa se afastou, só pude ver a parte de trás, claro, e tive a impressão de umas oito ou 10 luzes, que diminuíram para seis. Não pude ver mais dos dois lados. Outra coisa que me chamou a atenção foi a ausência de barulho: não emitia nenhum som. Um helicóptero teria chamado a atenção de toda a vizinhança e se fosse avião, teria caído, pois fui aviador militar e sei que uma aeronave deve se locomover em determinada velocidade, mesmo se quiser permanecer no ar.

Comecei, enfim, a retroceder os passos e a chamar minha mulher. Enquanto eu andava um pouco para trás, o objeto se deslocou muito devagar, passando acima de um pinheiro. Voltei, então, até a beirada da porta e o observei até sumir. Nesse instante, apesar do escuro, pareceu-me ter um formato de cúpula, mas não tive certeza. Lembrava um pouco aquele tipo de cúpula acima de uma picape, trailer, com uma luz por dentro. Era isso: parecia que a luz se projetava de dentro para cima. Só pude discernir essa forma. Dava para ver que era redondo. Bem, não pensei mais no assunto, pois, afinal de contas, não me perturbara. Pensei: 'vi um objeto estranho. E daí? Em Keesler ou Pensacola estão sempre voando para um lado ou outro com helicópteros e coisas assim. Deve ser alguma experiência'.

Acordei na manhã seguinte e comecei a trabalhar. Sempre acompanhava o noticiário transmitido a partir de Biloxi. E de repente, vem a notícia sobre o que aconteceu na estrada *[a abdução de Hickson e Parker]*.

Pelo horário mencionado na televisão, comparei com o momento em que eu tinha visto o objeto e a direção que seguiu. A maneira de se deslocar, a descrição feita pelas emissoras de TV em Pinecrest do que outros tinham visto. Enfim, tudo devia ter ocorrido no caminho direto daquilo que vi. Achei melhor ficar quieto, mas acabei falando do assunto, pois estava preocupado.

Claro que me fizeram perguntas, amigos e outros. Alguns diziam: 'Conheço Larry há anos. Sei que não está inventando'. Enfim, não inventei mesmo. Não sei o que vi, realmente não tenho a menor ideia. Mas de duas coisas, tenho certeza: não era um avião e não podia ser um helicóptero".

Em 2017, o ufólogo Philip Mantel soube de outra testemunha de um evento ufológico.

Um dia antes do contato em Pascagoula

Philip Mantle: Recebi de Evan (nome completo no arquivo) o seguinte relato após minha entrevista no programa de rádio 'Open Minds' em 2017. Nas palavras de Evan:

"Ouvi sua entrevista em 'Open Minds' recentemente. Tinha 12 anos quando ocorreu a abdução de Hickson e Parker. Houve na época uma onda de avistamentos de UFOs na costa do Mississipi. Vários casos foram relatados nos jornais locais antes do incidente em Pascagoula. Eu morava numa fazenda em Stone County, com meus pais. Stone é diagonalmente adjacente a Jackson County, onde se localiza Pascagoula. Mais ou menos uma hora antes do evento com Hickson e Parker, um UFO sobrevoou nossa fazenda. Imagine um lâmpada de sódio da rua voando devagar e terá uma ideia do aspecto do UFO.

Meu pai, que estava fora da casa, nos chamou gritando. Observamos o objeto até quase sumir de vista, diminuindo até se tornar um ponto vermelho e disparar velozmente em direção ao sul como uma bala de um rifle. Apesar da cor de lâmpada de rua, não era uma luz muito forte e não ofuscava a vista. No dia seguinte, foi publicada nos jornais a história de Pascagoula. Durante duas ou 3 semanas, esse UFO seguiu uma rota semelhante, perto da fazenda, mas não tão rente quanto na primeira noite e nunca mais o vi ficar vermelho. Sempre acontecia antes das 20h00. Em várias ocasiões, deslocou-se abaixo do contorno das árvores. Nós o víamos passar atrás de algumas delas. Acho incrível que a MUFON em Mississipi não saiba desse caso. Fico imaginando o que mais a MUFON ignora.

Já pesquei naquele local. Fica perto do estaleiro de Ingalls, na Rodovia 90. Na época, havia uma câmera de segurança no estaleiro, apontada para a direção geral de onde o UFO apareceu.Disseram posteriormente que nada incomum foi captado pela câmera no momento do evento. Um dos motivos por que a história não pegou, em minha opinião, é que o Mississipi está num dos últimos degraus da escada socioeconômica. Estamos no 50° lugar. Muita gente fez piada de Hickson e Parker, chamando-os de dois bêbados analfabetos, com excesso de imaginação. Eles não eram intelectuais, mas certamente mereciam muito mais consideração. Com certeza, vou comprar o livro. Sempre me decepcionou o fato de o caso deles não ser reconhecido como um dos mais importantes incidentes envolvendo abdução". Evans

A terceira testemunha de um caso ufológico que quero apresentar aqui é o oficial da reserva da Marinha dos Estados Unidos, Mike Cataldo. Eis o relato do senhor Cataldo:

Mike Cataldo, oficial da reserva da Marinha dos EUA
Pascagoula, 11 de outubro de 1973

Mike Cataldo, há muito aposentado da Marinha, servia em 1973 como chefe suboficial em Mississipi. Assim como a maioria dos americanos, ele ouvira falar do caso Hickson-Parker e nunca conheceu os dois homens. Entretanto, durante todos os anos após o incidente, ele contava aos amigos e familiares outro lado da história, algo de vital importância, até o dia em que resolveu divulgar publicamente. Tentou localizar em Pascagoula o repórter que redigiu a matéria original do contato com o UFO e, por fim, entrou em contato com Natalie Chambers, da Associated Press.

A entrevista de Natalie com Cataldo saiu no jornal *The Northeast Mississipi Daily Journal,* na edição de 21 de outubro de 2001, mas não teve o impacto costa-a-costa que se esperava, apesar de Paul Harvey, célebre comentarista do rádio, reconhecer a importância da história de Cataldo, e ter dedicado parte de seu programa de sábado, 27 de outubro, às revelações de Natalie Chambers.

O artigo de Natalie Chambers

Quando Charles Hickson e Calvin Parker contaram ao mundo em 1973 que foram abduzidos por extraterrestres no Rio Pascagoula, poucos acreditaram neles. Hoje, 28 anos depois, parecem que eles não foram os únicos com uma experiência desse tipo na noite de 11 de outubro daquele ano.

Aproximadamente na mesma hora e mesmo local do incidente com o UFO, Mike Cataldo, hoje oficial aposentado da Marinha dos EUA, e seus colegas tripulantes Ted Peralta e Mack Hanna, passavam de carro pela US 90, em direção a Ocean Springs. Cataldo estava no banco traseiro.

"Vimos um objeto muito estranho no horizonte, deslocando-se em sentido nordeste, acima da Rodovia 90", recorda Cataldo. "Movia-se com muita velocidade. Desceu em um bosque, rente ao pântano. Pairou acima das copas das árvores talvez durante um minuto. Estacionamos no meio-fio para observar melhor. Dissemos: 'Meu Deus, o que é aquilo?'.

Cataldo acrescenta que o objeto parecia um grande tamborim, com pequenas luzes piscando.

"Tão rápido quanto apareceu, ele sumiu".

A noite começava a cair, mas o sol ainda brilhava um opuco e os militares puderam ver bem o objeto. Mas Cataldo relata um segundo avistamento dali a alguns minutos, dessa vez em St. Andrews, mais próximo de onde ele morava.

"Não estava tão alto quanto da primeira vez. Era real".

Quase sem fôlego, ele correu para dentro de casa a fim de chamar sua mulher. Cataldo sabia que precisava informar a Marinha. Membro da tripulação pré-comissionada do USS Tunney, *em construção no estaleiro Ingalls, ele compareceu ao trabalho na manhã seguinte e imediatamente contatou seu oficial executivo para fazer uma declaração. Depois do fim de semana, ele entrou em contato com a base da Força Aérea em Keesler e deixou seu número de telefone. Entretanto, se Cataldo esperava cordialidade, enganou-se.*

"Meu oficial executivo e os outros tripulantes acharam que éramos lunáticos, doidos".

Nunca tiveram resposta alguma em Keesler ou qualquer outro lugar.

O ufólogo Kenny Young [*nota da autora do artigo em abril de 2007: O senhor Young já faleceu*] também contatou Cataldo após a publicação do artigo de Natalie Chambers – sem sucesso – na tentativa de localizar seus colegas da época. Cataldo forneceu mais detalhes do objeto, o mais intrigante talvez sendo o fato de que "estava a menos de um quilômetro de distância e parecia do tamanho de um avião comercial normal". Também confirmou que outros motoristas diminuíram a marcha para observar o objeto inexplicável no céu. "Entretanto, nós fomos os únicos que realmente estacionamos para ver melhor", completou.

Detalhe importante, Cataldo admitiu: "Só soube da abdução de Hickson e Parker alguns dias depois. Aconteceu numa quinta-feira e só no domingo vi a manchete no jornal da manhã sobre dois homens levados para dentro de um disco voador". Ele enfatiza que não pode ter certeza de que o UFO que ele e Charlie e eu vimos era o mesmo, mas o local e o horário batem; portanto, deve ter alguma relação.

Um quarto avistamento que desejo acrescentar neste capítulo aconteceu a poucos quilômetros de distância, quatro dias antes de nosso contato. O estranho é que o objeto avistado estava submerso e foi observado tanto por civis quanto pela Guarda Costeira. Agradeço ao ufólogo Paul Dean por fornecer as informações e os documentos oficiais da Guarda Costeira de Pascagoula.

Objeto submerso não identificado (OSNI) em Pascagoula

Terça-feira, 08 de outubro de 1973, 21h30

Ilha Redonda, Rio Pascagoula

Dois pescadores relataram pessoalmente à Guarda Costeira que estavam pescando a cerca de 5 km ao sul de Pascagoula quando viram um estranho objeto iluminado, que se encontrava entre 1,2 a 1,8 m sob a água, deslocando-se a velocidade de seis nós aproximados. Os homens não conseguiram chegar a conclusão alguma do que era o tal objeto. Em determinado momento, tentaram tocá-lo com os remos, mas ele se afastou. Às 21h40, a Guarda Costeira despachou um barco com dois guardas para investigar o avistamento.

O OSNI foi localizado pelos guardas.Eles descreveram ter visto uma luz âmbar de um diâmetro aproximado de 1,2 a 1,8 m, que parecia anexada a um objeto metálico que se deslocava a 4-6 nós. Em determinado ponto, o objeto se apagou, mudou de curso e se iluminou novamente. Ele se moveu em diversas direções, sempre emitindo a mesma luz âmbar. Os homens da Guarda Costeira não conseguiram identificar sua natureza. Dali a 20 minutos, ele se apagou totalmente e o barco da Guarda Costeira retornou à estação de Pascagoula por volta das 22h30.

Pelo que entendo, esses quatro avistamentos de UFOs são significativos, particularmente o de Mike Cataldo, ocorrido na mesma área e no mesmo horário. É possível que o senhor Cataldo tenha visto a mesma nave que Charlie e eu. Claro que não podemos comprovar isso, mas em minha opinião, foi o que aconteceu. Sempre fiquei em dúvida se outras pessoas tinham visto alguma coisa. Interessante o fato de o senhor Cataldo ter informado a base da USAF em Keesler e jamais ter recebido uma resposta deles. Não me surpreende, uma vez que Charlie e eu também fomos ignorados quando telefonamos.

Sei que é pouco provável, mas aproveito esta oportunidade para perguntar se mais alguém viu algo inusitado por volta de 11 de outubro de 1973, na área do Rio Pascagoula ou proximidades. Caso sim, peço que a pessoa faça a gentileza de me procurar por meio de meu editor, cujos dados para contato constam neste livro. Qualquer informação será abordada com total confidencialidade.

***

Capítulo 12

Mais contatos em 1993 e Budd Hopkins

Certa vez, alguém me perguntou acerca de outras abduções: se tive outros contatos. Explicarei aqui o que aconteceu e o leitor poderá tirar sua conclusão. Fiquei abalado por muito tempo, até que obtive ajuda para compreender a situação.

Começou, um dia, às 07h00. Resolvi sair para pescar e espairecer um pouco. Morava, na época, em Bay, St Louis, Mississipi. O local fica a 9,6 km da ilha Cat, num percurso de barco. Saí do píer da Washington Street, por volta das 08h00. Era um dia lindo, ensolarado, sem vento, e o trajeto foi suave até a ilha. Levei 45 minutos para chegar ao outro lado da ilha, onde ia pescar. Sempre senti que a pescaria era o melhor modo de aliviar o estresse. Eu adorava aquilo.

Ao chegar, joguei a âncora a uns 7,6 m da ilha porque a maré estava mudando e, se a gente não toma cuidado, vai parar em terra seca quando menos espera. Se isso acontece, o pescador fica ilhado até o retorno da maré. Tinha trazido comigo isca, quatro garrafas de água e um sanduíche para o almoço. Planejava voltar para casa antes de escurecer.

Sentei-me e comecei a pescar, uns 30 minutos após minha chegada – ainda faltavam algumas horas até o anoitecer. Tinha, portanto, bastante tempo. De repente, por algum motivo, olhei para o alto e estava tudo escuro. Pensei: "Que diabo aconteceu? Não me lembro de nada. Já escureceu!" Estava usando um relógio de pulso velho, barato, porque, por alguma razão, a questão do tempo se tornara muito importante em minha vida. Olhei e o relógio mostrava 23h00. Como era possível? Mal havia chegado ao local e não devia nem estar perto da hora do almoço. Não podia telefonar para ninguém, pois não tinha celular. Na época, as pessoas não os usavam com frequência porque eram muito caros. Senti a boca seca e me virei para pegar uma garrafa de água, mas não havia nada ali, nem o sanduíche. O que tinha acontecido com tudo o que eu trouxera comigo?

Achei que seria melhor voltar para casa. Sabia que Waynett ficaria preocupada. Fiquei com medo de fazer o trajeto de volta, porque não tinha lanterna, já que não pensava em regressar à noite. Tentando não pensar no que teria ocorrido, comecei a atravessar a água. Estava um breu e as águas tão revoltas que levei uma hora e meia até voltar ao píer. Quando cheguei, algumas pessoas pescavam ali. Voltei ao meu caminhão e encontrei um bilhete no para-brisa: "Onde você está? Estou preocupada?" Waynett sabia que às vezes eu me esquecia da hora quando ia pescar, mas nunca tanto assim. Morando próximo de água, nós tínhamos vários números de telefone de emergência caso acontecesse alguma coisa. Esperava que Waynett não tivesse ligado para nenhum, ainda.

Enfim, coloquei o barco no caminhão e fiz o trajeto de 15 minutos de volta para casa. Quando guardei o caminhão, notei as luzes acesas. Waynett olhava pela janela. Ela saiu da casa e disse: "Você deve ter tido outro colapso daqueles". Estava prestes a ligar para alguém e pedir ajuda para me encontrar. Expliquei que não sofrera colapso algum e não sabia o que acontecera, mas tinha muita sede. Enquanto eu guardava o barco em seu lugar, ela me trouxe água. Depois, sentamo-nos na varanda por algum tempo e eu tentei contar o que tinha ocorrido. Era difícil porque eu simplesmente não sabia. Waynett perguntou se ao menos eu pegara algum peixe. Respondi que não.

Depois daquele bate-papo, fomos para a cama e eu dormi como um bebê. Acordei às 06h00 porque teríamos visita pela manhã. Por volta das 09h00, a visita chegou: era Bill Robertson, que trabalhava para o canal 24, mas não viera como repórter. Havíamos nos tornado amigos e ele nunca me entrevistou. Bill tinha muito interesse pelos fenômenos do cenário de abduções.

Naquela manhã, sentamos juntos e eu lhe contei o que me acontecera no dia anterior. Sem comentar, ele disse apenas que voltaria ao assunto dali um ou dois dias. Quis ver o barco. Observou-o com bastante atenção. Em seguida, abriu o isopor onde eu punha os peixes e disse: "Sua pescaria deve ter sido boa". Perguntei por que e ele respondeu que a caixa com gelo estava cheia de peixes. Não me lembrava de ter apanhado nenhum. Mas realmente lá estavam: trutas e linguados. Fiquei encafifado: como não me lembrava daquilo? Silenciei-me.

Bill desceu do barco e pediu para usar o telefone. Waynett lhe trouxe nosso aparelho sem fio. Enquanto ele falava ao telefone, ficou caminhando pelo quintal. Desligou, se aproximou de mim e perguntou se gostaríamos de ir a uma conferência sobre UFOs com ele, não para falar, mas apenas assistir. Queria me apresentar a uma pessoa e a conferência seria em Tampa, Flórida.

Waynett nunca entrara num avião antes e perguntei o que achava da ideia. Ela respondeu que tudo bem, podia ir. Bill prometeu que cuidaria de todas as despesas desde que eu concordasse em conversar com aquele indivíduo e passar por hipnose. Concordei, mas mal sabia quem iria conhecer.

Fomos, enfim, a Orlando, Flórida, com Bill Robertson. Ele combinou com uma pessoa para nos pegar no aeroporto e levar de carro a Tampa, hospedando-nos numa pousada perto do local da conferência. Nem bem nos instalamos num quarto, alguém bateu à porta. Levantei e abri para Bill e outro homem, que eu não conhecia. Bill disse que aquele era Budd Hopkins, um dos palestrantes da conferência no dia seguinte. Pedi que entrassem e se sentassem. Budd me perguntou se eu não me importaria de conversar com ele. Respondi que não, claro. Ele, então, me fez uma série de perguntas sobre o dia da pescaria e do tempo perdido do qual eu nada me lembrava. Em seguida, Budd me falou de diversos casos de abdução com lapso de tempo na memória e explicou que algumas pessoas se lembravam do ocorrido algum tempo depois, mas ele gostaria muito de me hipnotizar. Concordei e disse a Budd que eu queria mesmo saber o que tinha acontecido. Ele me disse que após a conferência, poderíamos nos encontrar e tentar hipnose regressiva. Por ora, precisávamos descansar.

Acordamos por volta das 08h00 e descemos para tomar o café da manhã. Bill e Budd já estavam à mesa e nos convidaram para nos sentarmos com eles. Budd nos falou de seu livro *Missing Time* [*Tempo perdido, Richard Marek Publishers, 1981*]. Tratava de pessoas que sofriam de um lapso de memória e só se recordavam de uma abdução alienígena durante a hipnose. Esse "tempo perdido" fora exatamente o que me ocorrera no dia daquela pescaria. Seria possível que apenas entrara em devaneio em meus pensamentos ou haveria algo mais?

Após o café da manhã, fomos nos preparar para a conferência. Por volta das 11h00 entramos no salão do evento e Budd nos arrumou cadeiras na fileira da frente. Eu jamais assistira a uma conferência sobre UFOs até então.

Naquele dia, fui realmente abençoado, pois Budd me apresentou a muita gente. Todos queriam que eu subisse ao palco e falasse. Entretanto, me recusei. Conheci Stanton Friedman e vários outros palestrantes, incluindo Travis Walton. Assisti à palestra de Budd Hopkins sobre os casos de abdução e "tempo perdido" [*missing time*] que ele apresentara em seu livro. Quis saber mais. Depois da palestra, fomos todos ao quarto de Budd e deixei-o me hipnotizar. Antes, porém, pedi a Waynett que voltasse ao nosso quarto, pois queria protegê-la de todo o meu estresse. Também pedi a Bill que ficasse e gravasse a sessão, além de tomar nota. Expliquei a Budd Hopkins que de uma forma ou de outra queria passar por aquilo, pois precisava saber da verdade. Budd concordou e disse que eu me lembraria dos detalhes. Podia não ser o que ele achava que era, mas logo descobriríamos.

Budd, então, começou a sessão de hipnose regressiva. Lembro-me da voz dele dizendo que meu braço estava ficando cada vez mais leve, até flutuar. Em seguida, foi fazendo perguntas a respeito daquela manhã. Lembrei-me de ter visto uma nebulosidade no céu. A princípio, parecia uma nuvem, mas logo se colocou diretamente acima de mim, a uns 150 m de altura. Era cinza e não pude estimar o comprimento. Em determinado momento, a parte do fundo da "nuvem" se abriu. Comecei a flutuar, de costas para a nave e com o rosto voltado para o barco. Percebi que ainda estava no barco e parecia adormecido. Quando passei pelo fundo da nave, a porta se fechou e não senti o objeto se mover.

Vi, então, uma mulher se aproximar. Tinha uma cor cinzenta, olhos castanhos, quase pretos. Não senti medo, porque sabia, por algum motivo, que estava tudo bem e eu ficaria em segurança. Foi nesse instante que absorvi, finalmente, a experiência de outubro de 1973 ocorrida comigo e com Charlie, pois a hipnose me regressara até a primeira experiência também, e não só a daquele ano, que era 1993.

Não sei o que mais aconteceu, pois parece que saí da hipnose. Não me lembrava de mais nada. Budd tentou me hipnotizar novamente, mas não conseguiu. Talvez fosse melhor eu não me lembrar. Depois da segunda tentativa, desistimos. Incomodava-me não saber. Queria muito descobrir tudo. Agradeci a Budd pelo interesse e por suas tentativas. Desejei-lhe tudo de bom e nos despedimos. Budd me disse que talvez mais detalhes me voltassem à memória posteriormente e, caso sim, eu poderia contatá-lo. Aquela foi a última vez que conversei com Budd Hopkins. Perdi todas as informações de contato dele durante o furacão Katrina.

Bill e eu nos levantamos e voltamos ao meu quarto, onde conversamos sobre o que se passara. Bill concordava com Budd, afirmando que talvez eu não me lembrasse no momento de tudo o que ocorrera naquele dia da pescaria, mas que a memória poderia se reativar mais tarde. Talvez houvesse um bom motivo para eu não me lembrar. Concordei.

No dia seguinte, tomamos o avião de volta à Costa do Golfo do Mississipi, sem falarmos da sessão de hipnose com Budd. Mais tarde, Bill me disse que faria uma cópia da fita e me enviaria. Dali a dois dias, Bill Robertson faleceu, sem ter me enviado a fita. Sua morte foi um choque para todos os que o conheciam e eu não sabia o que acontecera com a fita.

Fui ao escritório dele e me disseram que não tinham ideia de onde estavam suas coisas nem do que ele vinha fazendo. Penso que Bill tencionava escrever um livro sobre diversos relatos de abdução, mas não tenho certeza.

Nunca contei a Waynett sobre o teor da sessão hipnótica que fiz com Budd Hopkins.

A regressão hipnótica por Budd Hopkins – transcrição completa

Para ser sincero, não posso afirmar que me lembro de tudo o que aconteceu quando estive sob hipnose regressiva com o pesquisador e autor Budd Hopkins, na ocasião em que nos conhecemos na Flórida, em 1993.

Soube que ele faleceu alguns anos atrás e não tinha certeza se teria a chance de ouvir a gravação feita naquele dia. Entretanto, mais uma vez sou grato a meu editor, Philip Mantle. Philip investigou quem ficara com a custódia dos arquivos de pesquisa de Budd Hopkins após sua morte. Um dos indivíduos que ele contatou foi o velho amigo e colega de Budd, Peter Robbins, em Nova York. Peter Robbins nos informou que quem guardara o trabalho de Budd era o pesquisador de abduções alienígenas e autor, doutor David Jacobs.

Philip Mantle e eu enviamos e-mails para o doutor Jacobs, perguntando se ele tinha uma cópia da fita cassete e se poderia nos ceder. Jacobs respondeu imediatamente, dizendo que sim e teria prazer em nos enviar uma cópia. A fita chegou em segurança e apresento aqui a transcrição completa da sessão hipnótica. Pelo que saiba, esta é a primeira vez que o teor da fita é transcrito. Novamente agradeço a Peter Robbins e ao doutor David Jacobs pelo auxílio prestado.

No transcrito, Budd Hopkins aparece simplesmente como Budd e eu como Calvin.

Fita K7, lado 1

A data na fita é 14 de março de 1993.

Budd: Que tipo de carro era o seu?

Calvin: Um Rambler Hornet 1973.

Budd: Um carro novo?

Calvin: Sim, tinha acabado de comprar.

Budd: E a cor do carro era amarela?

Calvin: Sim, amarela.

Budd: Amarela, certo. Você disse que pegou Charlie, não foi?

Calvin: Foi.

Budd: Então, vocês saíram e foram pescar. Onde?

Calvin: Perto do elevador de grãos.

Budd: O elevador de grãos, certo. E pegaram algum peixe lá?

Calvin: Não.

Budd: Resolveram prosseguir, então?

Calvin: Isso.

Budd: Que peixes vocês queriam?

Calvin: Eu não estava ligando para isso. Charlie pescava mais que eu, enquanto eu só falava.

Budd: Charlie é o verdadeiro pescador, então?

Calvin: É, Charlie é o pescador.

Budd: Mas você também tinha vara de pesca?

Calvin: Tinha, e já estava na água. Mas pouco me importava se pegava peixe ou não.

Budd: Você tinha 19 anos?

Calvin: Isso.

Budd: Quando vocês chegaram ao estaleiro, tinha algum tipo de pista ou estrada para entrar com o carro?

Calvin: Sim, uma estrada, mas com muitos caniços em volta. Passamos por ela e estacionamos.

Budd: A que distância você acha que o carro estava do píer onde vocês se sentaram?

Calvin: Acho que a uns 50 ou 60 metros.

Budd: Vocês caminharam e se sentaram na extremidade do píer?

Calvin: Isso. Mas acho, na verdade, que o carro ficou mais perto porque, depois, contei os passos e ele estava a 38 metros de onde a nave pousou.

Budd: Certo.

Calvin: E ficou estacionado em paralelo com a nave.

Budd: 38 metros. *[Voz abafada de uma terceira pessoa, no fundo. Parece de um homem, falando com Calvin.]*

Calvin: É, estava lá.

Budd: Bem, não vamos gravar a indução *[hipnótica]*. *[Voz abafada de mulher no fundo. Mais vozes abafadas.]* Prosseguindo. Você disse que usava camiseta e jeans, ou algo assim. Tirou os sapatos para ficar mais à vontade. *[Vozes abafadas.]*

Budd: *[Colocando Calvin sob hipnose.]* Agora volte àquele lugar bonito mais uma vez. Aproveite essa sensação deliciosa de relaxamento. Quero que você sinta essa suavidade fluindo pelo corpo todo, esse calor e esse relaxamento. Sinta o calor do cobertor. *[Inaudível.]*Sinta o descanso, o conforto, a segurança. Sinta-se bem, permita-se mergulhar nessa sensação de relaxamento, nesse sentimento delicioso. Confortável, relaxado, em paz, tranquilo. Nesse estado de relaxamento, sua mente está muito clara *[inaudível]*.

Quero que você volte ao passado, quase 20 anos, outubro de 1973. Quero que você se veja, como se olhasse para um espelho. Veja-se como um jovem de 19 anos. Olhe no espelho: você tem 19 anos. Talvez até o formato se seu corpo seja diferente. Observe a si mesmo, seu corpo, rosto, os jeans e a camiseta. Veja seu cabelo no espelho, olhe seu rosto e note como parecia mais inocente, mais jovem. Você tem 19 anos, teve bons momentos e maus momentos. Olhe no espelho e se veja jovem, com bons e maus momentos. Você está diferente de agora; é mais jovem. Deixe-me ver seus braços *[inaudível]*. Tudo bem.

Agora se nos afastarmos um pouco dessa imagem, desse espelho, quero que você se veja estacionado naquele local. Olhe para seu carro, o Rambler amarelo, o carro em que você passeou muito, era tão legal ter um carro assim. Você gostava de passear nele, de se divertir. Olhe para ele, você está em pé, fora do carro, do lado do assento do motorista. Pode falar quando quiser, só vou fazer uma ou duas perguntas. Está em pé, olhando para o seu Rambler amarelo. Diga-me: é um carro de duas ou quatro portas?

Calvin: Quatro.

Budd: Um carro de quatro portas, certo. Você entra nesse carro, vai para casa jantar. Depois, parte para a pescaria com Charlie. Você gosta de se encontrar com Charlie, os dois se divertem juntos. Quero que você se sinta no carro, feche a porta. O som de fechar é conhecido, fácil de identificar. Você sabe como é a sensação de girar a chave no seu carro, é diferente dos outros carros quando você o liga. Sinta suas mãos no volante. É o seu carro, você o conhece bem. Vai dirigir até a residência de Charlie, depois do jantar. Quando você chegou lá, ele o viu ou você desceu e entrou? O que fez?

Calvin: Eu entro *[inaudível]*. Pão de milho, pegue pão de milho.

Budd: Certo.

Calvin: Charlie e Blanche estão discutindo feio. Ela não quer que ele se ausente por dois ou três dias para ir pescar *[inaudível]*.

Budd: Quando voltou para o carro, você trouxe o pão de milho?

Calvin: Hmm, não.

Budd: Ok. Vocês entram no carro e vão embora. Diga-me para onde foram primeiro. Aonde estão indo?

Calvin: *[Inaudível.]* A loja Magic Store. Charlie entrou, comprou a garrafa *[inaudível]*, saiu e bebeu um gole.

Budd: Você também bebeu, ou só Charlie?

Calvin: Só Charlie.

Budd: Ok. Agora você está dirigindo o carro. Observe para onde estão indo. Quando saiu da loja, virou à direita, à esquerda, para onde foi?

Calvin: Para a esquerda.

Budd: Esquerda, certo. Você se vê dirigindo agora, vê o caminho.

Calvin: Estamos indo para uma mercearia. Eu compro bolo e Coca-Cola e Charlie uma caixa de cerveja *[inaudível]*. Prosseguimos viagem até *[inaudível]* e conversamos sobre pescaria, nosso plano. Agora só queremos é jogar as linhas na água. Não sei a distância e Charlie disse que é perto de onde ele trabalhava, até arrumar novo emprego na Shell. Atravessamos a ponte, tem muita água. Paramos num posto de combustível para comprar gelo. É para colocar o camarão, usamos camarões como isca. Charlie disse que era para eu virar à direita e seguir pela estrada. *[Inaudível.]* Dou uma volta e vou parar na estrada seguinte. Charlie aponta para o elevador de grãos e diz que é lá. Já pegou muito peixe lá. O equipamento de pesca dele estava no banco traseiro e o meu, no bagageiro. Tiramos os equipamentos do carro, e também os camarões congelados. Sentamos no chão, esperando um pouco até eles descongelarem. Havia uns insetos por toda a nossa volta, estavam saindo da água e *[inaudível]* não aguentamos mais.

Budd: Certo.

Calvin: Ele diz que conhece outro local para podermos pescar. Eu não conhecia, nunca pesquei lá. Estava esperando a isca descongelar. Ficamos sentados um pouco, conversando. Charlie repete que conhece outro lugar, que é mais escuro. Rumamos para esse lugar e parece que o caminho não termina nunca. Charlie está começando a me irritar. Agora está falando de Blanche, sua mulher, e de Sheila, e diz que não gosta do atual namorado dela. Ele não para.

Budd: Coisas de família.

Calvin: É. E fico pensando, por que *[inaudível]* voltar outro dia. Finalmente chegamos àquela estradinha. Entramos nela, mas não sei como viramos e Charlie disse algo sobre o velho estaleiro. Lembro-me de ter visto um aviso de *proibido passar*. Digo que é melhor não passarmos ali, pois pode dar problema. Charlie insiste que não há problema, pois já pescou lá várias vezes. Acabo concordando, mas digo: "vou falar para prenderem só você, a mim não".

No caminho, vemos um carro vermelho, um Pontiac, com capota preta. Uma pessoa se levanta e sai do banco traseiro. Começo a rir. Não sei o que a pessoa disse, mas penso que nós também devíamos ir embora. Enfim, prosseguimos viagem e não prestei mais atenção aos outros carros. Estacionamos e eu notei os caniços longos. Charlie diz que se precisarmos de uma vara longa é ali que poderemos pegar. Preparamos alguns e vamos esperar que os peixes apareçam. Tiramos nossos equipamentos e vamos para outro píer. Lembro-me de andar com cuidado no píer porque parecia muito leve, incapaz de aguentar o peso dos dois. Estava muito mal cuidado.

Budd: Quero que você pense um pouco e olhe bem para o píer: tem buracos? Observe com atenção a madeira onde vocês pisam.

Calvin: Só na parte de trás. Parece que a terra se desgastou do píer, uns 60 centímetros, mais ou menos. Tivemos que montar uma espécie de perna-de-pau para passar. A madeira era velha e tinha um prego solto, para cima. Lembro-me de que tirei o sapato e tentei bater o prego para baixo, mas como era tênis não adiantou. Disse a Charlie que tomasse cuidado.

Budd: Observe de novo. Está vendo a ponte?

Calvin: Estou. Vejo a ponte e uma luz *[inaudível]*. Muito trânsito na ponte. Caminhões. Ouvimos um som que parece de um barco descendo o rio. Charlie diz que parece o ruído de um velho gerador daqueles barcos grandes da Guarda Costeira, atravessando rio. Um grande *[inaudível]*. Está tudo quieto agora e não vemos barco nenhum. Charlie já está realmente me irritando, sabe?

Budd: O que ele está dizendo?

Calvin: Charlie está chateado. Não para de falar da família, parece que não tem outro assunto. Só quer falar da mulher, da filha. Eu digo, então: Charlie, dá pra fechar a boca e vamos pescar? Ouço um barulho atrás de nós e penso que é um carro dando a partida. Parece mesmo que um carro está indo embora. Mas ele tem uma coisa esquisita, como uma luz de néon. É de uma cor vermelha, estranha, e gira.

Budd: Você vê a placa do carro?

Calvin:1HB 348 JACKSON.

Budd: É aquele Pontiac vermelho?

Calvin: É

Budd: Consegue ver se o carro está saindo?

Calvin: Um homem está saindo do carro. Digo a Charlie que ele tem que urinar antes de ir embora. Agora voltou ao carro e está saindo. Está tudo quieto, agora. Começo a sentir um calafrio nas costas, na nuca. Tem alguma coisa errada aqui. Não vi nada, pois me virei, dei uma boa olhada e não havia nada. Olhei, então, para os trilhos dos trens e notei como estava tudo calmo. Achei estranho ver os trilhos abertos daquele jeito, e pensei: se viesse um trem, cairia no rio. Charlie, então, começou a contar a lenda

– Graças a Deus está falando de outro assunto. A lenda do trem: por alguma estranha razão, todos no trem começaram a cantar e foram parar direto no rio, onde se afogaram. Disse a Charlie que ele devia ter sonhado aquilo, pois nunca soube de tal lenda. Mas é interessante.

Budd: Você comentou com Charlie sobre a sensação estranha?

Calvin: Não tinha comentado. Achei que eu estava doente, mas, no fundo, sabia que não. Sentia aquele calafrio. E um medo. Antes de ele terminar a história do rio, vi aquela luz azul fosca. Charlie, vamos ter problema aqui, estamos invadindo e vão nos pegar. Você vai ter que pagar minha fiança. Eu nem queria vir aqui, pra começo de conversa *[inaudível]*. Espero que não. Aí, acontece algo mais estranho. Tem um brilho laranja em toda a volta, e agora surgem essas luzes azuis. Fiquei com muito medo, mesmo.

Budd: Só por um minuto agora, quero que você descreva o que vê e essa sensação de medo vai passar. Já está passando, não o perturba mais. Observe as luzes à sua volta, essas luzes foscas. O medo já passou, *[inaudível]*. Calvin, tente descrever o que sente agora.

Calvin: O que sinto agora?

Budd: Sim.

Calvin: Quero pular na água, nadar, fugir para longe, mas tem muita tranqueira no rio. Não posso pular, pois vou me afogar. Não sou bom nadador. E Charlie está muito nervoso agora. Jogou a vara no chão. Charlie nunca *[inaudível]*. Jogou a vara de pesca no chão. O que será que vai fazer? É como se brigasse com um dos filhos dele *[inaudível]*.

Budd: Vocês dois estão sentados?

Calvin: Charlie estava sentado e eu, em pé. Acho que ele bebeu demais e *[inaudível]*. Fiquei com medo que ele caísse no rio e se afogasse. Segurei-o pelo braço o puxei para trás, no píer, e o ajudei a se equilibrar.

Agora estamos os dois em pé, e nos viramos para olhar.

Budd: Já se sentiu assim antes?

Calvin: Não, não.

Budd: Seu corpo tem uma memória própria. Agora quero você me diga o que seu corpo sente. Lembre-se exatamente do que ele sente. Você está em pé e qual é a sensação, o que está acontecendo?

Calvin: Sinto cãibra desde as costas até a parte de trás das pernas e o pescoço. Não consigo controlar nada. Estou sendo puxado e nunca me senti assim antes. Parece que sou puxado para baixo e não consigo me mexer. Algo arrasta meu corpo *[inaudível]*, mas está ligado com aquele barulho. Enquanto não havia barulho, isso não estava acontecendo. Primeiro, era um som grave, não sei descrever. Não entendo esse barulho, é suave e ao mesmo tempo forte. O som para e recomeça, depois para de novo. Toda vez que o som se interrompe, sinto a cãibra. Vejo Charlie, me viro, o barulho não me deixava me mover antes. Agora me viro, olho para Charlie e ele diz: Meu Deus, Calvin, o que é isso? Eu digo: Meu Deus, por que me pergunta? Sei lá o que é. Estamos em pé e vejo uma coisa muito estranha. É muito grande, acho que do tamanho de um campo de futebol.

Budd: Não se preocupe com *[inaudível]*. Acha que consegue correr até o carro?

Calvin: Quero correr, mas aquela coisa está parada atrás do carro. Não temos para onde ir. Olho para a esquerda e para a direita, só água dos dois lados. Água na frente e atrás do carro. Parece um trem, o som também lembra um trem e eu não tenho para onde correr. Não posso sair daqui. Tenho uma arma no banco da frente do carro, se ao menos pudesse pegá-la. Começo a me mover na direção do carro, mas vem um raio de luz, a luz mais forte que já vi na vida. Está bem em cima de mim e eu paro de tentar sair. Fico pensando: se ao menos tivesse minha arma comigo.

Budd: Por que não saiu do foco do raio?

Calvin: Não consigo me mover, estou paralisado.

Budd: Olhe para aquela luz novamente. Ela tem cores ou é apenas branca?

Calvin: É uma luz azul. Só azul.

Budd: Azul forte?

Calvin: Muito brilhante, diferente de todas as cores que já vi. Um azul forte, seguido de um brilho laranja.

Budd: O que você sente agora?

Calvin: Nada.

Budd: Não sente nada?

Calvin: Nenhuma sensação. *[Inaudível.]*Parece que meu corpo nem existe, estou paralisado.

Budd: Certo. Ciente dessa paralisia, agora *[inaudível]*, vejamos o que acontece em seguida.

Calvin: Alguma coisa que não reconheço *[inaudível]* está saindo por uma porta. Acho que é uma brincadeira de alguém, mas muito bem bolada. Eles se aproximam e percebo que isso é sério. Estamos numa situação séria, diferente de tudo que já vivi. Estão chegando. Um, dois, três deles passam pela porta e há outro com eles.

Budd: *[Inaudível.]* Como eles são?

Calvin: Parecem jogadores de futebol americano.

Budd: Jogadores?

Calvin: É.

Budd: Ombros largos?

Calvin: Muito largos. E braços longos. Eles não têm rosto. *[Inaudível.]*O segundo tem alguma coisa que não vejo bem. Meus olhos estão embaçados. Notei uns pontos no lugar dos olhos. O primeiro deles me segura pelo braço e aquilo me dá uma sensação estranha. Fico enjoado. Acho que vou vomitar, mas não consigo. No momento em que ele me tocou, senti queimar. Uma queimadura pelo corpo todo. É como se eu mexesse em carvão em brasa.

Budd: Aquele que tocou seu braço devia estar muito perto. Agora, Calvin, quero que você mexa os olhos, olhe bem no rosto da criatura. Se está tão perto, mesmo com os olhos embaçados, você consegue ver. Quando eu colocar a mão em seu ombro e contar até três, é o sinal de que está tudo bem. Você está aqui conosco, minha mão vai descer por seu ombro. Um, você vai olhar para o rosto do alienígena; dois, está pronto para olhar; três: olhe.

Calvin: Parece uma luz em um vidro. Pode ser uma lanterna. Parecem duas bolinhas de gude azuis, atrás da luz.

Budd: Seria uma máscara? *[Inaudível.]* Como a descreveria?

Calvin: É só uma luz vítrea com duas bolinhas de gude atrás.

Budd: Você quer dizer, como um prato redondo*[inaudível]*?

Calvin: É, mais ou menos.

Budd: Como um prato raso?

Calvin: Não, não, não. É só um vidro transparente. E as bolinhas parecem mais no fundo. É um fundo preto com duas bolinhas de gude, paradas.

Budd: O que você acha que são essas bolinhas de gude?

Calvin: Não sei. Tenho uma sensação de paz. Estava muito assustado quando os vi, mas agora sinto paz.

Budd: Mais uma vez, seu corpo é extremamente sensível. Lembre-se como se sentiu, como seu corpo se moveu. Se está estável ou mudou de posição. Se está sentado. Seu corpo tem a lembrança de cada movimento. Qualquer movimento seu, o corpo se lembra. Diga-me o que seu corpo sente agora.

Calvin: Meus joelhos. Sinto o corpo sem peso, como se flutuasse. Os joelhos, porém, eu sinto. Meus jeans tinham um remendo no joelho e quando olho, vejo-os lá, como se *[inaudível]*. Sinto que estou flutuando.

Budd: A que distância está o alienígena? *[Inaudível.]* Se você olhar reto *[inaudível]*.

Calvin: Se olhar reto, vejo diretamente o rosto dele. *[Inaudível.]*

Budd: Ok.

Calvin: Agora estão me carregando.

Budd: Você sente seu peso sustentado por eles?

Calvin: Sim. Mas não tenho mais dor. É uma sensação de relaxamento *[inaudível]*. Não sinto nenhuma dor e estou flutuando. Lembro-me de me sentir assim muito tempo atrás, flutuando. É como se eu voasse – é isso: se me soltassem, acho que eu poderia voar. Lembro-me de ver Charlie ao meu lado.

Budd: Em que posição ele está?

Calvin: Em pé. Eles nos fazem girar em círculo, duas ou três vezes *[inaudível]*. Sinto-me como uma bola em drible.

Budd: Uma bola pulando?

Calvin: Não. É uma sensação de drible, girando como num carrossel. De repente, reaparece uma luz forte e sou atraído para dentro da nave, para dentro *[inaudível]*. Tudo está muito brilhante agora. Muito brilhante mesmo *[inaudível]*. Minhas pernas começam a pender para baixo, meus braços também, até minha roupa. Estou em pé agora e não sinto dor nenhuma.

Budd: Você vê seus pés no chão?

Calvin: Não sinto os pés *[inaudível]*. Sinto um puxão no braço e depois uma queimação pelo corpo todo. Começo a rezar para morrer.

Budd: Quero que me diga exatamente o que pensa *[inaudível]* neste momento.

Calvin: *[Inaudível.]* Não sei se isso era para acontecer. Por favor, deixe-me morrer. Por favor, me leve embora porque qualquer coisa deve ser *[inaudível]* do que estou passando agora. Fisicamente não posso *[inaudível]*.

Budd: Sei, sei. Calvin, você não teve chance de dizer algo aos seres *[do UFO]* que o pegaram. Se pudesse agora fazer isso, o que diria? Como se sentiu quando o levaram a força?

Calvin: Me deixem em paz, porra!

Budd: Certo. Eles não tinham o direito de fazer o que fizeram, tinham?

Calvin: Não.

Budd: Pediram sua permissão?

Calvin: Não.

Budd: Diga-me como se sente *[inaudível]*. Diga-me o que acontece. Seu corpo se lembra de tudo o que você sentiu. *[Inaudível.]* O que acontece agora?

Calvin: Um tipo de choque elétrico. Volto a sentir o corpo, mas ainda não consigo me mover. Sinto tudo à minha volta e está frio, muito frio. E essa carga elétrica, sinto-a passando pelo corpo, mas não dói. Há uma bolinha zanzando ao meu redor.

Budd: É bonita?

Calvin: Muito bonita. Me dá uma sensação de paz. O que estão me dizendo?

Budd: Estão lhe dizendo alguma coisa?

Calvin: Estou sendo puxado e ouço um barulho alto, como ar escapando. Sou puxado e me viram para o outro lado.

Budd: Mas quem o está puxando?

Calvin: Não sei. Não vejo.

Budd: É como uma mão, mais ou menos?

Calvin: Não. É mais como um ímã. Só consigo olhar para o lado, lembro-me bem disso.

Budd: Certo.

Calvin: Sou puxado para dentro.

Budd: Além de se lembrar, você consegue agora olhar ao redor e enxergar tudo. Mesmo que não consiga mexer a cabeça, pode mover os olhos. Está passando por uma porta ou o quê?

Calvin: Por uma porta larga. Não estou mais com medo.

Budd: Ok.

Calvin: Quero dizer, estou um pouco assustado porque não sei que lugar é este. Sou puxado por alguma coisa, não sei que coisa, e agora estão me prendendo numa mesa, com correias pretas. Uma em volta das pernas, uma dos braços e outra sobre o abdômen. Sinto a adrenalina no corpo. Não sei se sou capaz de romper essas correias. Começo a puxá-las. Tento quebrar, mas não consigo. Estou com medo de novo. Sei que minha situação é horrível. Senhor, deixe-me morrer, pois do contrário terei uma morte horrenda aqui. Deus, que isso termine de uma vez, não quero passar por dor, não gosto de dor. De repente, ouvi um ruído e a porta abriu. Uma sensação de paz me tomou conta. Sinto-me tranquilo, não preciso mais lutar. Não consigo me mexer em direção alguma. Estou deitado, com a cabeça para a frente e, puxa, essa desgraçada é feia. *[Até então, não me lembrava da presença de uma fêmea na primeira abdução também.]* Lembro-me de uma máscara, ela usa uma máscara. Sinto que consigo falar, agora.

Budd: Agora relaxe e respire fundo umas vezes, Calvin. Agora que chegou a esse ponto, fique bastante calmo *[inaudível]*. Sinta *[inaudível]*. Pronto, sinta as correias, mas continue em paz. Olhe para essa fêmea e sinta que consegue falar. Você diz algo a ela?

Calvin: Digo.

Budd: O quê? Olhe para ela: o que você está dizendo?

Calvin: *[Voz alterada.]* Quem é você? Só isso, não consegui dizer mais nada: quem é você?

Budd: Ela respondeu?

Calvin: Ela colocou o dedo em meu nariz. Não sei, mas não gosto da atitude dela. Assim que eu me soltar, vou torcer o pescoço dela. Essa vaca tem uma atitude que não me agrada.

Budd: Quem você acha que ela é? O que lhe passa pela cabeça quando a vê?

Calvin: Já a vi antes. Já vi imagens antes.

Budd: Tem certeza que já a viu realmente?

Calvin: Sim. Eu a odeio. Odeio.

Budd: Vamos falar disso um pouco. Quero que você observe a si próprio. Veja como você é ou era. Quando foi que viu aquela fêmea alienígena antes?

Calvin: Tinha seis anos de idade. Foi no dia 07 de novembro. Estou na cama com meu irmão. Durmo com ele porque nossa casa é pequena. Ela está chateado porque fez xixi na cama. Geralmente eu durmo no chão. Ele tinha mais de 12 anos, mas ainda molhava a cama. Então, me levantei e deitei no chão com um cobertor. E foi quando a vi.

Budd: Quem? Seu irmão *[inaudível]* agora?

Calvin: Não sei.

K7, lado 2

Budd: *[Inaudível.]*

Calvin: Eu a conheço. Conheço há muito tempo e ela é do mal. Tenho muito medo dela.

Budd: Deixe-me perguntar uma coisa. *[Inaudível, a gravação está muito baixa e não entendo o que Budd diz.]* Ela alguma vez tocou em você?

Calvin: Não sei, não sei. Vi essa mulher a vida toda.

Budd: Você só a vê no quarto ou em outros lugares também?

Calvin: Não. Em muitos outros lugares.

Budd: Já a viu em algum lugar legal?

Calvin: No Rio Pearl, pescando uma noite com Charlie Hickson. *[Inaudível.]* meu pai. Meu irmão e eu fomos correr no bosque. Eu a vi, voltei correndo e disse aos outros que tinha visto um fantasma no mato. Ninguém acreditou e todos riram de mim.

Budd: Qual era sua idade?

Calvin: Cinco ou seis anos, não me lembro.

Budd: Criança, ainda?

Calvin: Sim, era muito pequeno.

Budd: Ok. Vamos voltar *[inaudível]* a 1973, naquele lugar. Ela está olhando para você e você diz que não gosta da atitude dela. *[Inaudível.]* Vamos ver o que ela faz. Colocou o dedo em seu nariz?

Calvin: Sim.

Budd: E qual é a sensação do toque desse dedo?

Calvin: Não entendi.

Budd: É um dedo fino e longo, grosso, gorducho?

Calvin: Longo e fino, mas não o sinto. Apenas sei que ela pôs o dedo em meu nariz.

Budd: Parece *[inaudível]*. Parece que ela colocou algo dentro de seu nariz, a uma distância curta?

Calvin: Parece. E ela tem algo na mão *[inaudível]*. Coloca seja o que for dentro da narina e agora quer tocar meus lábios. Puxa meu lábio superior para cima e sinto um cutucão. Não sei se é minha pressão arterial, mas não consigo respirar e começo a sangrar. Meu lábio sangra e começo a rezar. O sangue escorre e *[inaudível]*. Ela me segura pelos lados do rosto. Só penso em matar a desgraçada, mas sabia que eu ia morrer ali. Agora tudo se acalma e eu paro de me agitar.

Budd: Seus sentidos estão agora muito apurados. Você sabe que Charlie está com você. Ouve algum som que indica a presença dele por perto? Algum ruído?

Calvin: Nada, exceto um barulho que lembra gotas de chuva caindo num balde.

Budd: Tente perceber se Charlie o chama.

Calvin: Nãoouço Charlie.

Budd: Ok. *[Inaudível.]*Esse som de água caindo, está perto de você?

Calvin: Muito perto. Acho que é sangue de minha mão direita. Aquela vaca cortou minha mão. Estou sangrando e vejo o sangue no chão. Ela está sentada lá. O corte foi do lado de fora da mão. Quando eu sair dessas correias, vou acabar com ela. Vou lutar com todas as minhas forças. Isso não está certo.

Budd: Não está mesmo. Ela não tem o direito de fazer isso sem sua permissão.

Calvin: E não sei o que ela pôs na minha mão direita. Lembro de ter visto e vejo agora de novo: algo preto que parece uma agulha. E o corte é grande e ela está cortando e sangra muito. Ela faz o corte no lado externo da mão. De repente, parece um milagre. Parou de sangrar e o corte fechou.

Budd: Ok.

Calvin: Mas um objeto ficou na minha mão.

Budd: Há um objeto na sua mão?

Calvin: Sim, ela o colocou lá.

Budd: Certo, você poderá nos dizer exatamente o que é e me mostrar o objeto. Concentre-se na mão e me mostre.

Calvin: Ela está limpando meus pés, puxando, cutucando. Não sei o que está fazendo. Mas sinto uma dor forte no pé esquerdo, onde ela puxa *[inaudível]*. Meu sapato saiu. Agora ela soltou uma das correias, soltou todas e agora é minha chance de fugir. Mas ainda não consigo me mexer. Estou livre das correias, mas não consigo me mover. Ela tenta tirar minhas roupas e ainda não me mexo. Mas, sei lá por quê, forço com os calcanhares e ajudo. Parece que estou em harmonia com tudo o que ela faz agora. Não me importa o que *[vazio na fita, por motivo desconhecido]*. Não sei o que é isso. Não sei o que ela está tentando fazer, mas me parece sério. Olho para cima e a encaro. Estou sem roupa e a parte de frente de minha camisa está cheia de sangue. Acho que ela está um pouco *[inaudível]*. Gostaria que ela sumisse e me deixasse em paz. Que droga, tudo queima, o corpo inteiro. Parece que tiraram sangue de mim. Sinto-me pesado como chumbo. *[Calvin dá um gemido de desconforto, como se sentisse muita dor.]*

Budd: Fique tranquilo, está tudo bem, Calvin.

Calvin: *[Ainda geme, como que em grande desconforto.]*

Budd: Calma, respire fundo. *[Mais gemidos, como que de grande dor.]*Vou por a mão em seu ombro. Quando você sentir meu toque, vai respirar. Sinta minha mão e respire tranquilamente. Sinta a mão e respire. Certo, agora se sente muito melhor. Foi ruim, mas já passou. *[No fundo, ouve-se Calvin respirando normalmente de novo.]*Já consegue respirar sem problemas. Foi difícil, mas é passado. Agora está tudo bem. Diga-me o que aconteceu. Não precisamos repetir aquilo. Apenas me diga o que você sentiu. O que acha que aconteceu?

Calvin: Ela injetou alguma coisa.

Budd: Onde?

Calvin: No lado de fora da minha mão.

Budd: Você sentiu alguma coisa se mexendo?

Calvin: Senti aquilo entrando e o sangue saindo, sangue quente. Tenho a impressão de que ela trocou todo o sangue de minhas veias. Nunca experimentei nada tão quente *[inaudível]* em toda a vida.

Budd: Sentiu isso nas mãos, nos braços e pés?

Calvin: Em tudo.

Budd: No corpo inteiro?

Calvin: Até as pontas dos dedos pareciam que tinham explodido. Bem, acabou. *[Inaudível.]* Ela está indo embora. Consigo me mexer, começo a me sentir um pouco melhor. Mas ainda dói. Puxa, dói muito.

Budd: Dói o corpo todo ou só o local em que ela injetou?

Calvin: Dói tudo.

Budd: O corpo inteiro?

Calvin: É. Tudo. Consigo me levantar agora. Estou levantando e olho para a mesa, mas não é uma mesa. Não sei o que é. É toda transparente, mas não de vidro. Calço meus sapatos e as calças.

Budd: Enquanto se veste, Calvin, quero que faça uma coisa. Olhe ao redor e veja se há algo parecido com alguma escrita, letras estranhas, ou coisa assim. Talvez veja e talvez não. Observe bem. Na mesa, na parede, qualquer coisa que pareça uma forma de escrita.

Calvin: Não vejo nada assim.

Budd: Não vê nada. Tudo bem.

Calvin: Nada escrito.

Budd: Certo. Talvez não tenha nada mesmo.

Calvin: Vejo só a mim mesmo.

Budd: Ok. Você se levanta e calça os sapatos?

Calvin: Isso.

Budd: Veste as calças e tudo o mais. O que tem vontade de fazer agora?

Calvin: Olho tudo à minha volta, o teto, o chão. Procuro uma porta para sair. Sei que entrei por uma porta. Mas me vejo num espelho. Vejo também outra coisa no espelho, não apareço sozinho. Tenho uma sensação muito estranha de ser observado. Estão me observando, é isso que sinto.

Budd: Você acha que uma pessoa o observa, ou são duas ou mais?

Calvin: Não sei, só me sinto observado.

Budd: Se sente observado.

Calvin: Há eletricidade nas paredes *[inaudível]*. Umas bolinhas de luz pulando aqui e ali. Lembro-me de me virar para evitá-las. Me viro de um lado para outro para elas não me tocarem.

Budd: Quando olha para aquele espelho, acha que vê realmente outros rostos?

Calvin: Ah sim. Há outros rostos por toda parte, no espelho.

Budd: Como são?

Calvin: Não sei, mas há muitas caras ali. Em todo lugar. Mas ela está voltando para a sala, a porta se abre e posso sair. Ela entrou e eu a agarrei. Seguro-a pelo pescoço e a esgano, ela não consegue se livrar. Bato a cabeça dela contra o espelho e sai uma coisa preta, eca! De repente, a porta se abre e aquele que me trouxe para dentro volta e sinto um cutucão novamente.

Budd: De onde vem a tal coisa preta, do rosto dela?

Calvin: Ela tem orelhas, está saindo dos ouvidos.

Budd: Orelhas grandes ou pequenas?

Calvin: Orelhas como humanas *[inaudíveis]*. Maiores. Ela é muito magra, magérrima.

Budd: Que cor é o cabelo dela?

Calvin: Verde azulado, mas é da mesma cor das luzes na nave.

Budd: Certo, então é difícil saber com certeza?

Calvin: É.

Budd: Cabelos soltos e enrolados?

Calvin: Sim, sim, soltos e enrolados, mas são poucos.

Budd: Observe uma última vez. Vou fazer uma última pergunta sobre essa fêmea alienígena. Acha que já a viu nos últimos dois anos?

Calvin: Sim, já a vi. Não. Não a vi, não.

Budd: Está em dúvida, Calvin?

Calvin: Não, não a vi. Vi aquele que passou pela porta comigo. Já o vi outra vez, sim.

Budd: Onde o viu?

Calvin: Alguns anos atrás.

Budd: Onde?

Calvin: Estou deitado.

Budd: Está em casa, no carro ou estava andando antes de deitar?

Calvin: Hm, estava andando, acho.

Budd: Vamos falar disso daqui a pouco. Agora quero voltar a uma outra situação. Você foi recentemente a uma reunião com um grupo de apoio. Lembra-se das pessoas no grupo?

Calvin: Sim.

Budd: Quem você viu?

Calvin: Vi uma mulher. Uma mulher que eu tinha visto na nave. Mas consigo ver os pensamentos dela. Ela é má.

Budd: Ela disse alguma coisa na reunião? Você a reconheceu no grupo de apoio?

Calvin: Ela me encarou. Está furiosa, posso ler os pensamentos dela. Está furiosa porque eu devia ter vindo sozinho. Ela queria que eu viesse sozinho porque quer me matar.

Budd: Talvez apenas quisesse que você pensasse isso.

Calvin: Não, ela quer me matar.

Budd: Bem, talvez ela só queira que você pense isso, Calvin, mas mesmo assim você deve tomar cuidado. Não acho que seja verdade, ela só quer que você se sinta assim. Mas você se lembra de mais coisas. Voltemos à sala na nave agora. Você está batendo naquela fêmea e uma coisa preta escorre das orelhas dela. Então, entra um homem e cutuca seu braço. O que ele faz agora?

Calvin: Ele sai e me deixa sozinho. Estou paralisado.

Budd: Está paralisado?

Calvin: Ele saiu por aquela porta.

Budd: Ok.

Calvin: Estou paralisado. Ela se levanta e está muito brava.

Budd: Está brava porque você a machucou?

Calvin: Puxa, como está brava! E me arranhou em volta dos olhos, com aquelas unhas. Não consigo me mexer e as unhas ainda estavam arranhando meus olhos. Mas só consigo pensar que logo poderei me mover, de novo.

Budd: Você fechou os olhos para se proteger?

Calvin: Não, fico sentado e olhando para ela. Nem consigo piscar.

Budd: Mas ela arranha seu globo ocular?

Calvin: Sim. As pálpebras, sobrancelhas, está sangrando. Tem uma luz aqui, uma luz branca muito forte. Depois ela falou comigo, mas sem mexer a boca. Estava falando comigo.

Budd: O que ela disse?

Calvin: Dizer mesmo, não disse nada. Mas está tirando meus pensamentos de minha cabeça. Tudo o que eu sei. Está puxando para fora meus pensamentos e me diz que eu não vou ser perigoso para eles. E me lembro *[inaudível]* quem somos nós. Ela disse: "você não será mais uma ameaça". Nem sabia que eu era, pra começo de conversa. Mas ela que se prepare, pois agora vou ser uma ameaça, sim. Ela é maligna, muito maligna. Vejo destruição. Sou capaz de enxergar coisas que nunca vi antes.

Budd: O que você vê?

Calvin: Uma outra luz se acende em cima de mim e é bonita. Parece que a mulher tem medo dessa luz. Tem muito medo e está virando a cabeça para o outro lado. Está se recolhendo no canto e tentando chegar à porta de onde se projeta aquela luz. E através da luz eu vejo coisas atuais e também passadas. Conheço coisas que nunca conheci. É como se assistisse a um filme e parece que vejo também o futuro, por meio dessa luz.

Budd: Que coisas você vê?

Calvin: Tenho uma sensação de calor, a melhor sensação que já tive na vida. Graças a Deus morri, finalmente. Estou morto. E minha alma sai do corpo. Aquela fêmea realmente me matou. Minha alma está saindo do corpo. Nesta luz forte, fico feliz porque tudo acabou. Finalmente terei paz. Agora vejo anjos, nada parecido com o que já vi antes. Epa, estou sendo puxado para baixo, de volta para meu corpo. Não quero voltar ao meu corpo. Quero ir embora, entrar nessa luz *[inaudível]*. Era uma sensação tão boa. Me deixem voltar para a luz, não me mandem embora. Deus, por favor, me leve, me leve. Me deixe encontrar com o Senhor. Não quero voltar para o corpo, mas preciso. Preciso lutar contra aquela fêmea.

Preciso pessoalmente caçar a ela e a espécie dela, essa é a ideia que ocorre agora. Tenho que encontrá-los e matá-los. Preciso voltar, preciso voltar *[inaudível]*. Tenho que voltar ao meu corpo agora. Pronto, estou em meu corpo. De pé. Não é certo odiar o próximo, mas odeio o que está acontecendo. Parece *[inaudível]* que ela teme e eu vejo destruição, vejo o mundo mudando para o que é agora. Vejo-os possuindo corpos, dominando-os. Tenho o poder de lutar contra isso. Mais uma vez vejo através dela e a luz se apagou. Estou totalmente em paz comigo. Ela se virou, olhou, e não está voltando. Está se afastando. Passou pela porta e se foi, não a vejo mais. Sinto-me corajoso. Estou sangrando. Sangrei muito. Minhas costelas doem, parecem que foram quebradas. Sinto-me violado, mas estou em paz agora. Acho que acabou. Eles me acompanham para fora, passando pela porta, a mesma que me trouxe para dentro. Estou de volta nesta bolinha e sendo levado para fora. Vejo Charlie ainda em pé, no píer. Ainda estou nesta bolinha e vejo Charlie ali, como que paralisado. Penso: "O que fizeram com ele?" Eles me põem no chão, estou de frente para o rio. Meus braços se estendem por cima da água e Charlie corre em minha direção *[inaudível]*. Ele diz que está tudo bem. Pergunta o que houve e se estou bem. Ele me sacode, me sacode com muita força, como nunca senti antes. Sinto-o me balançando, mas não consigo reagir. Charlie quer falar comigo, mas não quero responder.

Budd: Está escuro?

Calvin: Hmm-hm.

Budd: Está escuro fora da nave?

Calvin: Muito escuro. Mas tem lua cheia. A claridade vem da lua.

Budd: Estava escuro assim antes de você ser levado para dentro da nave?

Calvin: Não, não. Estava claro ainda.

Budd: Foi depois do pôr do sol?

Calvin: Foi. Estamos voltando para o carro agora. Não há mais nada lá. Não vi a nave ir embora. Não há nada lá. *[Inaudível.]* Lá está meu carro e as janelas estão quebradas. Disse a Charlie que agora eu queria aquele uísque. Ele pega a garrafa, mas está quebrada. Tem uísque escorrendo por todo o carro e começo a sentir ódio de novo. Muito ódio. Se eles estragaram meu carro, vou ficar muito puto com eles, muito puto mesmo. As janelas do lado do motorista estão quebradas. Tem um arranhão numa das portas. O carro demora muito para pegar. Não quero mais falar.

Budd: Ok. É isso que quero de você, agora. Respire fundo, longamente e tranquilo. Respire fundo.

Calvin: *[Ouve-se Calvin respirando fundo.]*

Budd: Sinta os pulmões expandindo e contraindo, uma ótima sensação de alívio. Vou colocar minha mão em seu ombro. Você está aqui comigo, conosco, com seus amigos. E vai se se sentir bem, Calvin. Tudo já passou. Foi há 20 anos e agora você está bem.*[Inaudível.]* Vai acordar quando eu contar de 5 a 1, regressivo. Quando eu disser 1, você vai acordar totalmente. Antes, porém, quero lhe dizer que quando acordar, você terá uma enorme sensação de alívio. Faltavam muitas peças desse quebra-cabeça. Coisas que não faziam sentido agora começam a se encaixar.

Principalmente, você vai perceber que por mais forte que fosse aos 19 anos, depois de toda a experiência por que passou hoje é mais forte ainda. Mais do que imaginava. Você é um homem muito forte, resistente. É um sobrevivente, capaz de passar por tanta coisa e sobreviver, porque possui recursos tremendos. Vai sentir um orgulho interior por ter todos esses recursos, por ser tão forte. Todas essas coisas que lhe voltam à memória agora, desde a infância, você vai perceber que sobreviveu a todas essas experiências. Vai se sentir bem consigo e com seus amigos e com outras pessoas que tiveram experiências parecidas. Tendo passado pelo que você passou, vai se sentir mais próximo das pessoas.

Veja só: Bill, Jan e Anne passaram por isso. Algumas pessoas tiveram experiências como a sua e com elas agora você sentirá um vínculo. E ficará 100% você novamente quando superar isso. Acima de tudo, sentirá que é forte e poderá compartilhar tudo com Waynett e tudo ficará melhor. Vai se sentir aliviado e conseguirá dormir bem hoje à noite. Permita-se lembrar desses detalhes das experiências sempre que quiser, mas sinta sempre sua força interior. Cinco, você começa a acordar; 4 e está acordando; 3, quase acordado; 2, 1, acordou totalmente.

Calvin: Sinto que poderia adormecer de novo *[suspira]*.

Budd: Você é um homem forte. Passou por tanta coisa e se saiu bem.

Calvin: É, isso é engraçado.

Budd: O quê?

Calvin: Lembrar-me de coisas que não me lembrava. Como se estivessem trancafiadas em algum lugar.

Budd: Quanto tempo acha que ficou hipnotizado?

Calvin: Uns cinco minutos.

Budd: Quase uma hora e meia.

Fim da fita

Esta foi a primeira vez que soube o que constava na gravação. Planejava me encontrar com Budd regularmente, mas não deu certo. Foi uma pena, pois poderia ter descoberto muito mais nas sessões de hipnose. Tantos anos se passaram sem que eu soubesse coisa alguma e até hoje não entendo por que não me lembrava. Fui até a Flórida conversar com Budd sobre a questão do tempo perdido porque sabia que ele escrevera um livro sobre o assunto. Mas não tinha ideia do que viria dali. Era um capítulo de minha vida que eu não sabia se desejava me lembrar.

Hoje, 24 de abril de 2018, após ler tudo isso, coloquei as coisas no carro e fui pescar com minha mulher e um amigo. Eles perguntaram se havia algum problema, mas fiquei em silêncio por algum tempo. Minha mente estava longe da pescaria. Acho que minha mulher sabia o que estava acontecendo comigo, pois começou a ler as transcrições, mas não conseguiu terminar porque ficou muito abalada. Todo aquele evento perturbou minha família por muitos anos. Só hoje percebo que afetou até meu irmão caçula, que eu faria de tudo para proteger. Lembro-me de quando éramos pequenos e ele acordava assustado. Hoje sei por quê, mas quando você tem cinco ou 6 anos e acorda assustado no meio da noite, todo mundo pensa que é por causa de sua imaginação ativa. Entretanto, é bom as pessoas prestarem atenção: pode ser mais que um sonho.

Houve uma época em minha vida em que eu acordava de manhã com cortes e hematomas, achando que tinha feito aquilo enquanto dormia. Desde que li a transcrição acima, começo a me lembrar de coisas e fico pensando. A memória vai reavivando devagar e as lembranças voltam, pouco a pouco. Sei que levará anos até me lembrar de tudo – se é que viverei tanto – mas se morrer hoje, ao menos muitas perguntas já foram respondidas. Meu plano, de agora em diante, é descobrir o que for possível e talvez ajudar outras pessoas que estejam passando pela mesma situação.

A maioria das pessoas que têm essas experiências não comenta por causa do medo do ridículo. Nunca me importei se acreditavam em mim ou não. Mas para ser sincero, devo admitir que talvez me importasse, sim, pois do contrário não teria guardado tanta coisa em silêncio. É o tipo de experiência que transforma uma pessoa em uma pilha de nervos, um indivíduo temperamental, cuja companhia se torna desagradável.

A princípio, não queria escrever este livro, mas agora me alegro por mudar de ideia, pois do contrário jamais teria escutado a fita com a sessão de hipnose feita por Budd Hopkins. Agradeço mais uma vez a Philip Mantle, pois sem ele e seus contatos jamais teria acesso à gravação.

Grande parte da história que não contei quando saí da nave com Charlie foi porque ele estava tentando me proteger da publicidade, pois sabia que eu não gostava disso e não aguentaria o tranco. Sabia como sofri naquela noite, mas mesmo assim se manteve em silêncio, e serei eternamente grato a Charlie por isso. Pouco depois do evento, acabamos nos separando, cada um seguiu seu caminho e raramente nos víamos. Mas sempre que me encontrava com alguém da família dele em Laurel, perguntava sobre meu amigo.

A vida seguiu normal para nós dois, mas gostaria de ter conversado um pouco mais com ele sobre tantas coisas, antes de seu falecimento. A vida continua e ainda busco informações. Sei que cedo ou tarde, encontrarei. Por enquanto, junto as peças do quebra-cabeça que me estão disponíveis.

Arrumei emprego em Pascagoula, Mississipi, trabalhando para um amigo meu. Mudamos para lá, compramos uma casa perto do rio, não muito longe de onde Charlie e eu fomos abduzidos. O trajeto de barco leva uns 25 minutos. Como expliquei, Charlie e eu tínhamos perdido contato desde que voltei a Sandersville. Pois é, seguimos realmente caminhos diferentes. Em minha nova residência, eu estava a cerca de 15 minutos dele, mas mesmo assim, mal nos víamos.

Avistamos de UFOs na família

O incidente narrado a seguir envolve uma pessoa que conheço muito bem. Essa mulher me dava umas palmadas daquelas, de nunca esquecer. Se eu dissesse um palavrão ela me lavava a boca com sabão. Não podíamos responder a ela. Era muito rigorosa e sempre ensinou os filhos a respeitar os outros e agir corretamente. Essa pessoa era minha mãe, Betty Lou Parker Garrard.

Minha mãe morava numa fazenda grande em Ellisville, Mississipi. Ela tinha gado, peixes numa lagoa, vários cães e hortas grandes. Adorava a fazenda e trabalhava duro para mantê-la em ordem. Nunca me perguntou sobre meu incidente em Pascagoula com Charlie, pois sabia que aquilo me incomodava. Quando falávamos no assunto, a iniciativa sempre era minha.

Certa noite, os cães começaram a latir feito doidos e a acordaram. Meu irmão também acordou. Os dois espiaram pela porta dos fundos para descobrir o que acontecia, e viram as vacas correndo para a parte da frente do campo. De repente, viram umas luzes muito brilhantes no céu, iluminando o solo. Sem saber o que era aquilo, minha mãe ficou preocupada com a segurança do gado. Ela e meu irmão foram olhar mais de perto. Ela nunca teve medo de nada, mas meu irmão estava apavorado.

Os dois viram uma nave enorme, nas palavras dela, de uma cor brilhante. Até ela ficou com medo. Começou a dizer para si mesma: "Calvin não está aqui, Calvin não está aqui". Em seguida, o UFO subiu cerca de 30 metros no ar e se afastou velozmente, sempre em linha reta. Na manhã seguinte, eles foram verificar se os animais estavam bem e encontraram uma marca no campo, além de notar a falta de uma vaca.

Não sei o UFO a levou ou se o animal fugiu, mas o caso é que nunca reapareceu. Meu irmão tentou me contar a história mais ou menos um ano antes de falecer. Foi assim que fiquei sabendo do ocorrido. Quis confirmar com minha mãe, uns dois anos atrás. Ela me disse que não me contara na época porque temia o efeito que poderia me causar. Se posso acreditar em qualquer pessoa acerca de tais incidentes, essa pessoa é minha mãe.

Houve outro caso ufológico na família, dessa vez com meu sogro. Esse homem é tão honesto quanto o dia tem 24 horas. Criou os filhos com tanto rigor que se algum deles respondesse ou lhe faltasse com o respeito, levava logo uma surra. Nunca acreditou em mim quanto ao incidente de 1973; sei, porque ele mesmo me disse.

Não era um homem de enrolar, ia direto ao ponto. Gostava muito dele e é um dos sujeitos mais íntegros que conheço. Ele possuía mais de 100 acres de terra e trabalhou no mesmo emprego por anos a fio, até se aposentar. Começou, então, a cuidar da horta e da lagoa de peixes. Comprou um trator para trabalhar a terra. Havia em sua propriedade um poço artesiano que fornecia até 15 centímetros de água límpida. Meu sogro planejava cavar um buraco na área e cobrar das pessoas para poderem nadar ali.

Certa noite, ele trabalhou até escurecer. Subitamente, viu uma luz forte que desceu do céu até pairar acima da lagoa. A água parecia ferver, aos olhos atônitos de meu sogro. Todos os peixes subiram à superfície e quase todos morreram. Ele explicou que aquela coisa retirou todo o oxigênio da água.

No dia seguinte, Waynett e eu o visitamos e meu sogro me disse: "Filho, desculpe não ter acreditado em você. Agora acredito, pois a questão é ver para crer". Como já citei, ele é um homem de poucas palavras e aquela foi sua única referência ao caso. Nunca mais tocou no assunto. Sei que os incidentes com minha mãe, meu irmão e meu sogro não envolveram a mim, mas quis acrescentar essas informações porque tenho certeza de que há uma boa razão para outros membros de minha família terem avistado UFOs, apenas não sei que razão é essa.

Creio firmemente que há um padrão por trás de tudo isso e espero, um dia, descobrir a verdade e revelar ao mundo. Prossigo na senda da verdade. Certa vez, me perguntaram se me incomodava a descrença das pessoas. Disse apenas que basta olhar o mundo, as árvores, as flores, a vida em si. Ainda existe gente que não acredita em Deus, apesar de toda a evidência que Ele dá de Sua presença. Portanto, não me incomoda quando alguém não acredita em mim. Não preciso provar coisa alguma. Escrevo este livro porque nos últimos dois anos, muitas pessoas me pediram que escrevesse. Meu objetivo não é provar um argumento, pois sei que minha história é verdadeira. Além disso, minha mulher e minha filha também queriam este livro. Waynett e eu conversamos muito sobre o assunto. Parece que em todo lugar para onde eu ia, alguém me perguntava por que nunca escrevi um livro.

Por fim, Waynett e eu resolvemos que estava na hora, pois aquelas pessoas se importavam comigo, queriam saber se eu estava bem e desejavam ouvir a história sob meu ponto de vista.

***

Capítulo 13

Na sequência, Segunda Parte

Certa vez, me perguntaram se minha vida foi afetada pelo contato imediato. Bem, na verdade, ela tomou um rumo completamente diferente do que eu planejara. Antes, por exemplo, todos me chamavam de caubói. Eu adorava ir a rodeios, caçar e pescar. Era um típico garoto de fazenda, com muito orgulho disso. Tinha sempre minha horta para cuidar e rezava com frequência. Era o tipo de moço que você gostaria que namorasse sua filha, trabalhava com afinco e me mantinha por muito tempo no mesmo emprego.

Depois do que ocorreu comigo e com Charlie, não conseguia mais me focar em coisa alguma por muito tempo e, embora ainda gostasse da vida, não planejava mais nada com antecedência. Vivia um dia após o outro.

Via tudo por que minha família passava, depois da abdução, e era muito difícil lidar com aquilo. Via o medo no rosto de cada um deles, sempre tentando não me perguntar nada que me aborrecesse. Na verdade, a maioria das pessoas conta com seus familiares e alguns amigos mais íntimos. Comigo, era a mesma coisa.

Depois da primeira abdução, não confiava mais em meu bom senso. Vivia nervoso e agitado, sempre espiando por cima dos ombros. Para ser sincero, não tinha ideia do que me acontecera. Ainda era jovem e não julgava as pessoas; até então, confiava em todos. Logo, porém, percebi que não se pode confiar em todo mundo sem que as pessoas mereçam tal confiança. Por essas e outras, demorei tanto até escrever este livro. Por fim, encontrei uma pessoa em quem pude confiar e entrar em sintonia, uma pessoa fora de minha família que achou ser bom escrever o livro, pois me ajudaria a compreender o que aconteceu. Aproveito a oportunidade para mais uma vez agradecer a Philip Mantel por tudo o que fez e por ter conquistado minha confiança. Devo dizer que o caminho foi longo, mas chegamos lá.

Também agradeço a minha mulher, Dorothy Waynett Parker; minha filha, Stacie Bailey Parker; seu marido, Thomas Bailey; e seu pai, August Bailey, por me ajudar a tomar esta decisão. Tenho a melhor família do mundo.

Voltando ao que sinto. Às vezes me sento e me pergunto por que aquilo aconteceu comigo. É uma pergunta ainda sem resposta. Talvez tenha ocorrido com outras pessoas também, que, no entanto, não se lembram, quem sabe?

Lembremo-nos de que meu segundo contato imediato, ocorrido em 1996 e explorado sob hipnose regressiva pelo ufólogo Budd Hopkins, só me veio à lembrança nessas condições. Não me lembrava de nada a respeito, exceto daquele longo período de "tempo perdido", inexplicável. Deve ser a pior sensação que uma pessoa pode ter: não saber como viveu um dia inteiro, lembrar-se apenas de fragmentos do que aconteceu e não poder juntar as peças de uma maneira que faça sentido. Pelo menos a abdução de 1973 foi clara e me lembro de tudo. Lentamente, minha memória é reativada quanto à abdução de 1996. Espero que um dia me lembre de tudo. Quis mundo contatar Charlie e perguntar se tivera outra experiência, mas, por um motivo ou outro, acabamos nos separando. Nunca o procurei e, no fim das contas, foi melhor assim, pelo menos na época.

Para mim, o mais difícil era ver o medo estampado no rosto de minha mãe e de meu irmão. Quando ela me contou sobre o avistamento de um UFO na fazenda, e quando disse que ficou repetindo "Calvin não está aqui", percebi que a culpa pelo medo deles era minha. Creio que nada seja por acaso e, às vezes, não sabemos por que uma coisa acontece.

Nunca falei sobre aquela outra abdução, em 1996. Descobri, por experiência, que as pessoas acreditam no que querem e o que elas pensam pode não corresponder à verdade. Alguns disseram coisas a meu respeito que não são verdadeiras, mas simplesmente inventadas. Não sei por que fazem isso, mas penso que é a natureza humana.

Se pudesse escolher tudo, muita coisa seria diferente em minha vida. Por exemplo, teria agido mais como Charlie, falado mais, concedido mais entrevistas e informado melhor as pessoas do que aconteceu. Se você, leitor, algum dia passar por isso, sugiro – com todo o respeito – que se abra, por mais difícil que seja, pois no fim se sentirá melhor. Não se preocupe se as pessoas vão acreditar ou não, pois isso não importa. Alguns o levarão a sério, outros não. Simplesmente seja sincero com você mesmo.

Ainda não me abri com muitas pessoas. Mas prometo que, no futuro, tentarei ao máximo. Sei que o que me ocorreu não foi por acaso. A raça humana pensa que sabe tudo, mas não é verdade. Talvez alguém esteja tentando nos dar uma nova chance antes de nos autodestruirmos.

Hoje, tenho apenas alguns amigos e às vezes passamos o inverno sem nos encontrar muito. Mas quando chega a primavera, tomos pegamos nossos barcos e temos uma coisa em comum: o Rio Pascagoula. Nesse grupo de amigos, todos contam com todos e se um tem algum problema os outros o apoiam. Amo todos eles, são como minha família. É só disso que precisamos na vida. Só preciso disso, tenho certeza.

Com minha família, aliás, é a mesma coisa: não nos vemos muito porque cada um tem sua vida, mas isso não significa que não nos amamos. Sem minha família e meus amigos, não sei o que teria sido de mim.

***

Capítulo 14

Onde estive?

Onde estive? Todo mundo pensa que desapareci da face da terra. É o que eu queria que pensassem mesmo. Ainda não gosto da companhia da maioria das pessoas. Só quero alguns amigos e familiares. Não queria morar muito longe do Rio Pascagoula. Um dos principais motivos é que ele é um dos melhores pesqueiros do estado e eu adoro pescar. Outro motivo é que quase todos me conhecem aqui e respeitam minha privacidade. A maioria dos moradores não diz a ninguém onde moro. Soube de jornalistas à minha procura, pedindo meu endereço. Meus vizinhos dão um endereço falso. Quando resolvo viajar, vou uma vez por mês a Laurel e levo minha mulher para visitar a mãe dela.

Costumava ver Charlie na televisão o tempo todo e não entendia por que ele fazia aquilo. Sei que os canais de notícias não pagam nada pela entrevista. Os *talk shows* também não, quando muito reembolsam as despesas. Sempre ganhei mais dinheiro com meu trabalho, mesmo. Nunca participei de congressos de Ufologia. Prefiro dormir em minha cama, comer minha comida, sabendo que ambas são boas. Como morava a poucos quilômetros de Charlie, convidei-o algumas vezes para uma pescaria, mas a conversa sempre terminava na abdução e eu não queria falar daquilo. Tinha a impressão de que Charlie fora mais afetado que eu, pois nunca se esquecia do caso. Penso que se ele tivesse se desligado, a história já teria morrido. Era o que eu queria: esquecer o contato imediato. Não tivemos cinco minutos de fama, mas sim quase a vida toda.

Embora Charlie e eu não nos víssemos muito mais depois da abdução, fizemos uma viagem juntos. Fiquei sem dinheiro, mas valeu a pena. Fomos visitar Betty Hill. Ela havia telefonado para Charlie e disse que estava morrendo e gostaria de nos conhecer. Concordei em vê-la e tomamos o avião. Que mulher interessante e que história nos contou!

O caso dela ficou conhecido como a abdução do Casal Hill ou o Caso Zeta Reticuli. Passamos dois dias com ela, e resolvi ficar mais um dia porque queria saber tudo. Betty nos contou sobre a experiência de abdução dela e do marido, Barney. Foi um grande privilégio conhecê-la.

Os Hills moravam em New Hampshire e, pelo que eu saiba, eram o único casal multirracial na área nos anos 60. Uma mulher branca casada com um homem negro era algo impensável. Felizmente, os tempos mudaram. Os dois voltavam de carro de Niágara, quando Barney avistou uma nave. Um trajeto de quatro horas demorou mais de sete. Esse foi meu motivo principal para aceitar o convite de Betty: queria saber sobre esse "tempo perdido". Budd Hopkins dissera que era um fato frequente em muitos casos de abdução. Aconteceu comigo em 1996.

Queria muito perguntar a Betty a respeito desse detalhe. A história inteira da abdução do casal veio à tona por meio da hipnose. Muitos acharam, na época, que os dois inventaram tudo. Mas após passar um tempo com Betty Hill, acreditei nela. Não conheci Barney, pois já falecera alguns anos antes. A história deles, porém, passou no teste do tempo, em minha opinião.

A caminho, ainda no avião, tentei conversar com Charlie sobre meu "tempo perdido" na experiência de 1996, mas ele não queria falar do assunto. Calei-me e prometi a mim mesmo que aquela seria minha última viagem com ele. Mal sabia que Charlie faleceria pouco tempo depois.

Só soube de seu passamento quando um repórter me encontrou, praticamente invadindo minha privacidade e de minha família. Ainda estou furioso com esse jornalista da ABC. Ele me procurou na escola municipal e alguém o levou à minha casa. Os membros da diretoria não tinham o direito de bancar os guias turísticos e vou me lembrar disso na época das eleições para o novo conselho. Pago impostos e nem sequer tenho filhos em idade escolar.

Estava sentado na varanda da parte de trás de casa, com alguns amigos que vieram de Seattle, quando o repórter apareceu, sem ser anunciado. Relutante, acabei concordando com a entrevista, porque, do contrário, mais repórteres viriam com a mesma intenção. Foi na entrevista que ele perguntou como me sentia após a morte de Charlie. Era novidade para mim. Perguntei-lhe como ele se sentiria ao perder um amigo que conhecera por toda a vida.

Depois que o repórter se foi, liguei para o filho de Charlie, Eddie Hickson, e conversamos um pouco. Eddie sempre fora muito apegado ao pai e lhe deu total apoio desde o dia da abdução. Se a estação local, WLOX, quisesse uma entrevista comigo, eu teria feito, com prazer. Penso, porém, que não querem, pois nunca me procuraram, embora citem meu nome no noticiário de vez em quando.

Nunca soube a opinião de Charlie sobre meus outros contatos imediatos. Nunca conversamos sobre o assunto. Sempre quis perguntar se ele tivera outros, também, mas não houve chance. Lamento muito por isso.

Fui convidado a falar em público, mas não gosto dessa forma de ostentação. A maioria das pessoas que conheço tem curiosidade quanto ao que aconteceu, e cabe a cada um acreditar ou não. Mas eu diria que uns 90% dos moradores daqui me conhecem e sabem que algo incomum ocorreu comigo e com Charlie, embora não tenham ideia do que foi.

Como o leitor vê, me mantive deliberadamente fora da atenção do público e deixei Charlie se encarregar dos programas de televisão, dos congressos ufológicos, entrevistas com a imprensa, etc. Ambos fomos afetados pelo que aconteceu, embora de maneiras diversas, e aquilo me mudou completamente. Hoje, porém, os tempos são outros e aprendi muito. Quero, portanto, contar minha história enquanto posso.

***

Capítulo 15

Minha história

Aqui estou, escrevendo um livro sobre minha experiência de abdução. Nunca achei que seria tão importante até tanta gente me perguntar por que nunca tinha escrito. As pessoas também queriam saber como ia minha vida após o contato imediato, tantos anos depois. Nunca pensara nisso antes, mas as perguntas vinham de vizinhos e pessoas que moravam perto de mim e se importavam comigo, protegendo-me do mundo exterior.

Um dia, enfim, estávamos no funeral de um vizinho e amigo que era um indivíduo muito respeitado. As pessoas presentes eram conhecidas dele e originárias de vários estados americanos. Agiam como se me conhecessem também, perguntavam sobre minha história e indagavam por que não escrevera um livro ainda.

Quando chegamos em casa após o funeral, minha esposa me disse que eu precisava escrever um livro porque devia isso às pessoas que acompanharam minha história. Disse a Waynett que pensaria no assunto. Achei que dali a algum tempo, ela se esqueceria. Qual nada. Poucas semanas depois, o assunto voltou à conversa. Disse a Waynett que não tinha ideia de como escrever um livro, nem sequer possuía escolaridade suficiente para escrever. Mas ela persistiu, afirmando que estivera em cena desde o começo e queria saber a história toda, assim como outras pessoas certamente também queriam. Acabei concordando e disse que se encontrasse alguém capaz de escrever um livro e quisesse me ajudar, eu tentaria.

Claro que pensava que jamais encontraria tal indivíduo. De repente, como que surgindo do nada, Philip Mantle me contatou por e-mail e perguntou se eu pretendia escrever um livro. Respondi que estava justamente fazendo isso e ele, então, aguardou até que eu lhe enviasse o texto. Esperou pacientemente durante vários meses. Eu só tinha até então algumas anotações, mas nada de livro. Não estavam bem organizadas, mas Philip prometeu me ajudar, se eu tentasse.

Por fim, falamos por telefone e firmamos um acordo para que minha história fosse convertida em livro. Enviei-lhe uma cópia de minhas anotações, ele devolveu tudo devidamente organizado e disse que precisava de bastante revisão, mas, como era escritor, poderíamos trabalhar juntos. Foi o que fizemos. Sem a paciência dele, este livro não existiria. Ficou tudo muito mais fácil do que pensava. Trabalhei no livro à noite, porque não durmo muito. Era o horário ideal. Para mim, três horas de sono bastam. Escrevi o livro principalmente para meus amigos e familiares. Finalmente, eles vão saber de tudo o que aconteceu e tudo por que passei. Escrever é muito mais fácil que falar face a face.

Meu cunhado, Hosey Smith, e sua filha Amanda Smith, vieram passar a Páscoa conosco em 2018. Foram à praia e caminharam no píer. Olhavam a paisagem quando viram uma luz atravessar o céu. Havia um homem ali que não os conhecia. Ele disse: "Vejam só aquilo". Esse sujeito contou aos dois que vários anos antes um homem fora abduzido do outro lado do rio. Minha sobrinha replicou que era o tio dela, e o estranho retrucou: "Não brinca!" Minha sobrinha lhe disse, então, que conhecia a história e sabia do que se passara comigo e com Charlie. O homem exclamou: "Puxa, seu tio é meu herói e quero conhecê-lo". Esse tipo de coisa acontece o tempo todo.

Às vezes, saíamos e ouvíamos alguém falar de nosso "contato imediato" sem ter ideia de que eu era um dos protagonistas. De repente, a mesma pessoa anunciava: "conheço o sujeito, ele é muito legal". Não a contradizia, claro. Pedi a Philip que colocasse no livro uma foto de "antes" e outra "depois". Houve uma época em que engordei muito por causa de maus hábitos alimentares, mas desde março de 2017 perdi quase 70 kg, e graças a isso as pessoas começam a me reconhecer novamente. Com aquele peso extra, ninguém me reconhecia. Acho que nada é por acaso.

Sei que outras pessoas tiveram experiências de contatos imediatos e não contaram a ninguém a respeito. Meu conselho é que procurem alguém da Ufologia e falem. Muitos pesquisadores nos tratam com respeito e dignidade, não revelando nada ao público sem nossa permissão. No fim deste capítulo, incluo informações que podem ajudar o leitor. Tente não lidar com a situação sozinho, pois ficará maluco. Há pessoas que podem ajudá-lo. O primeiro passo é contatar as autoridades e dizer-lhes a verdade. Em seguida, você deve documentar tudo: com quem conversou, outras testemunhas, nomes e endereços, uma descrição escrita de tudo que você observou, e assim por diante. Percebi que é importante anotar o horário em que o fenômeno ocorreu, as condições climáticas, e se havia vento. Nenhum detalhe é desimportante, tudo pode ser necessário mais tarde. Mantenha a cabeça fria, não tome bebida alcoólica nem use drogas. Tire fotos com seu celular, se possível. Falo por experiência, pois passei por tudo isso. Em 1973, porém, não existia telefone celular. Outra coisa: hoje em dia, muita gente carrega arma. Aconselho a não atirar contra esses seres, caso você depare com eles. Repito: não atire. Documente tudo e se afaste o mais depressa possível. Depois, ligue para a polícia.

Aos pesquisadores do fenômeno UFO, por favor, lembrem-se de que a pessoa viveu maus bocados e não a pressionem com excesso de perguntas. Mostrem atenção e respeito, não esperando respostas prontas imediatamente. Aos poucos, a testemunha começará a se lembrar e se abrir com o pesquisador. Aconselhem tal pessoa a não ler nem estudar outros casos enquanto todas as informações não estiverem devidamente documentadas. Não deem exemplos nem descrições de outros casos, assim ninguém poderá acusá-los de colocar palavras na boca da testemunha.

Pesquisador, reforce que a testemunha ficará bem e ninguém poderá ridicularizá-la. E por favor, mantenha a Imprensa afastada dela, se possível, a fim de não lhe implantar nenhuma ideia na cabeça.

São conselhos simples tanto para o ufólogo quanto a testemunha, baseados em minha experiência de vida.

Esta é a minha história e escrevi este livro por diversas razões, como o leitor viu. Quis registrar o caso, informar minha família, amigos e vizinhos e todos os interessados do que realmente me aconteceu, como afetou minha vida e qual é a natureza, a origem, de meus "contatos imediatos".

Qualquer que seja a opinião do leitor, espero que aceite pelo menos uma coisa: o fato de que Charlie e eu contamos a verdade.

Waynett & Calvin Parker em 2018

***

MAIS LIVROS DA FLYING DISK PRESS

https://flyingdiskpress.blogspot.com/

Printed in Great Britain
by Amazon

32081457R00090